中公新書 2541

西野智彦著

平成金融史

バブル崩壊からアベノミクスまで

中央公論新社刊

目次

第2章　金融危機、襲来　83
──拓銀・山一、連鎖破綻の衝撃

平成金融史

プロローグ　「平成」の幕開き、鬼平の後悔

一九八九年一月八日。ほぼ全国的に「寒《かん》の雨」の中、平成の世が始まった。街に弔旗《ちょうき》が掲げられ、銀座のネオンは消え、追悼ムードが列島全体を包み込んでいた。

この歴史の転換期を挟んで、都市銀行下位の協和銀行で目黒支店元課長による二億円余の着服事件が表面化したことは、あまり世間に知られていない。昭和天皇崩御に至る一連の大ニュースとタイミングが重なり、ほとんどのメディアで取り上げられなかったからである。

何とも「悪運」の強い銀行ではあったが、ここから数奇な運命を辿《たど》る。翌年、合併を決めた埼玉銀行で蛇の目《じゃのめ》ミシン恐喝事件に絡む不正融資が発覚、協和埼玉銀行に生まれ変わった直後には架空預金事件に名を連ねた。その一〇年後には経営難に直面し、新たな再編相手と

して大和銀行を選ぶが、この銀行もまた海外で巨額損失事件を起こし、漂流を続けていた。必然的に、再編で生まれたりそな銀行も「危機のシンボル」となっていくのである。

改元の喧騒《けんそう》に埋もれた協和銀行の小さな不祥事は、結果的にはその後三〇年余に及ぶ動乱の予兆だったのかもしれない――。

平成元年、一九八九年はバブルが最高潮に達した年である。

年初の自粛ムードもものかは、平成最初の取引となった一月九日の日経平均株価は、五〇〇〇円近く上げて史上最高値を更新した。朝日新聞は「新時代相場への強い先高期待にあおられ活況」と書き、株価はこのあと週を追って駆け上がっていく。列島を覆うユーフォリア（熱狂的陶酔）に鎮静化の気配はなく、もう一段の高みを目指し膨張を続けていた。

昭和の終盤に生まれ、後に「平成バブル」と命名された資産価格の急膨張は、数多《あまた》の要因が絡み合い、相互作用を繰り返しながらできた、と考えられている。

まず、いざなぎ景気に次ぐ息の長い景気拡大の一方で、一九八五年プラザ合意後の円高によりドル換算の「見かけのGDP」が大きく膨らみ、日本経済に対する強気と楽観論が市場を支配したことが挙げられる。八五年からの五年間で日本のGDPは三割増えたが、ドルベースでは二倍以上に拡大し、一人あたりGDPで米国を抜き世界一に躍り出た。

この間、平均株価は急上昇し、一九八五年末の一万三〇〇〇円から八七年末に二万一〇〇〇円、八八年末には三万円を突破。ドル換算で見れば約三・七倍にも膨れ上がり、時価総額で米国を抜き去った。まさに「ジャパン・アズ・ナンバーワン」の実現である。

円高・株高を背景に、ジャパンマネーは世界で猛威を揮《ふる》う。一九八七年、安田火災海上保険がロンドンでゴッホの「ひまわり」を五三億円で落札し、八九年には三菱地所がマンハッタンのロックフェラーセンターを、ソニーがハリウッドのコロンビア映画を巨額で買収した。経済大国に向けられる海外からの羨望《せんぼう》と警戒感は、日本人の自尊心を大いにくすぐった。

個人の間でも、一九八七年のNTT株式の売り出しを機に財テク熱が高まり、「拝金主義」が社会全体を覆う。やがて消費にも火がつき、一台五〇〇万円する高級車シーマがヒットし、仏産ワインのボージョレ・ヌーヴォーもブームとなる。深夜の繁華街でタクシーが拾えなくなり、ニューヨーク五番街の高級店は日本人観光客で溢《あふ》れ返った。

この間、「国際金融都市」となった東京で、ビルやオフィス不足が声高に叫ばれ、株価を追うように地価も急上昇、「地上げ」が深刻な社会問題になる。内需拡大を目指す「民活」ブームに乗って、地方にもリゾート開発と地価上昇の波が広がった。さらに、景気が反転回復したにもかかわらず、政府は一九八七年に六兆円の経済対策を実施し、火に油を注いでしまう。

一方、リスク管理や検査体制が不十分なまま、このころ金融の自由化がスタート。大企業が株や社債で直接資金調達するようになり、貸し先を失った銀行は「土地神話」を頼みに不動産融資に突き進む。加えて、一九八八年に決まったBIS（国際決済銀行）の自己資本比率規制で、日本政府の強い要請により、有価証券含み益の四五％が自己資本に算入できるようになったことも、折からの株高と共鳴して、銀行融資に一段と拍車をかけた。

この結果、一九八〇年代後半の五年間で六大都市の商業地の価格は四倍に膨らみ、株価との両輪で市場の強気と楽観論を支え、新たなバブルのエネルギーを生み出していった——。だが、こうした幾多の要因よりもはるかに大きかったのが、空前のカネ余りを生み出し、バブルの膨張を支えた日本銀行の金融緩和政策である。

プラザ合意後の円高不況に対処し、「為替《かわせ》相場安定の国際協調をリードする」というお題目で、日銀は一九八六年一月から五回にわたって公定歩合を引き下げ、当時最低の二・五％水準を二年以上続けていた。八七年ルーブル合意後の景気回復を見て、いったん引き締めを画策したが、米国の株価急落（ブラックマンデー）で断念、さらに緩和を促進してしまう。量的にも金融緩和は進み、マネーサプライ（通貨供給量）は八七年から二桁《けた》の増加が続いた。

バブル期に日銀副総裁を務めた三重野康《みえのやすし》は、総裁退任後のオーラル・ヒストリー（以下「口述記録」）の中で、「金融だけでバブルが生じるわけではないが、金融もバブルの片棒を担いだ」と認め、悔やみきれない思いをこう吐露している。

「もっと早く超緩和を直したいという気持ちだったが、遅すぎた」「結局、バブルを許したと後世で批判されたわけですね。その時の政策当局者としては、一生懸命やったけどだめだったということですけど、政策はやっぱり結果ですから。（中略）やっぱり金融政策としては悔いが残る。実際、残りました」

そんな悔恨もあって、日銀は平成に入るや一気に引き締めへとひた走った。

バブル前後の金融政策を総括した日銀の内部資料によると、平成入り直後の一九八九年一月から政策変更を目指し、大蔵省への働きかけを本格的に開始したと記されている。

しかし、公定歩合引き上げへのハードルは、決して低くなかった。このころ、世界的な利上げ競争を回避するため、債権国であり黒字国の日本がアンカー（錨《いかり》）の役割を果たし、低金利を続けるべきだという意見がさかんに喧伝され、有識者の間でも一定の支持を得ていた。利上げに難色を示す米国当局からの圧力も水面下で続いていた。

だが、それ以上に日銀自身を当惑させたのは、バブルにもかかわらず、肝心の国内物価が上昇しないどころか、マイナス基調を続けていたことである。

国内の卸売物価指数は、バブルが膨張した一九八七年以降も前年比マイナスを続け、利上げの議論が行われた八九年一～三月期もマイナス〇・一％だった。円高効果で原油など輸入物価が大きく下落したことに加えて、規制緩和や生産性の向上、女性労働力の本格参入など労働市場の構造変化を受けて賃金上昇圧力が抑えられていたことが原因だが、「物価の番人」を自任する日銀が、一般の物価ではなく、資産価格の上昇を理由に利上げしたいと言っても、そう簡単に理解は得られなかった。

「インフレの恐れがないのに、なぜ利上げが必要なのか」

こう問い詰める大蔵省や経済企画庁に、日銀はなかなか納得のいく説明ができず、時間だけが過ぎていった。三重野は口述記録の中でこう打ち明ける。

「一般物価が落ち着いている時に公定歩合を上げて、これは景気に水を差すことになるわけで、それは嫌だという感じが向こう（大蔵省）に強かった」「ここで公定歩合を上げると、世界の金融資本市場に混乱が起きるかもわからない。杞憂《きゆう》かもしれないけど、起こるかもしれない。その辺を見極めなければならないと言われた。これは私なんかも気にしました」

もう一つ、大蔵省が早期利上げに難色を示した理由があった。長年の悲願だった消費税の導入を四月一日に控えていたのだ。ある日銀幹部は大蔵省側にこう囁《ささや》かれたのを覚えている。

「消費税を前に、インフレ懸念などと言って、余計な波風を立ててくれるな」――。

三重野も口述記録で「大蔵省が非常に気にしていた。消費税を上げたので、物価が上がってインフレになったと言われたくないんですね。従って消費税アップの効果をもう少し見極めたいということも、彼らの頭の中にありました」とはっきり証言している。

長く続いた膠着《こうちゃく》状態が動き出したのは、その消費税が無事導入された後の五月下旬。日銀で金融政策を担当する局長に、エース格の福井俊彦《ふくいとしひこ》が就いたことである。

福井が瞬く間に大蔵省を口説き落としたプロセスを、当時蔵相秘書官だった黒田東彦《くろだはるひこ》が後にこう証言している。

「福井局長はインフレの恐れがあるから金利を上げたいという理屈をやめたのですよ。要するに『ともかく上げさせてくれ』。（中略）そのときの言い方はノーマライゼーション（正常化）。要するにこれ以上低金利で景気を刺激する必要はもうないと。だから、締めるのではなくて、ノーマライズするだけだと」（経済社会総合研究所オーラル・ヒストリーより）

これは引き締めへの転換ではない。単なる予防措置に過ぎない――。そんな理屈で福井は大蔵省を納得させ、五月三十日、公定歩合の〇・七五％引き上げが決まる。名総裁と謳《うた》われた前川春雄《まえかわはるお》時代以来、九年二ヵ月ぶりの引き締めだったが、三重野は「こんなに（調整に）長くかかったことはない」「時間がかかって非常にイライラした。（中略）完全に遅れた」と口述記録で話している。

だが、兎《と》にも角《かく》にも利上げにこぎつけた日銀の引き締め政策は、ここから一気に加速する。この年の十月、公定歩合を抜き打ち的に〇・五%、十二月にはさらに〇・五%引き上げた。十月は事前報道のないサプライズ利上げで、「資産価格上昇がインフレ心理につながる点を考慮した」と初めてバブルのリスクに言及した。十二月についても当初サプライズを狙《ねら》ったが、総裁に就任したばかりの三重野と、蔵相の橋本龍太郎《はしもとりゅうたろう》が情報漏れをめぐって衝突するハプニングが起きる。いわゆる「白紙撤回事件」である。

十二月十九日。首相官邸で開かれた月例経済報告閣僚会議の後、橋本が三重野に「新聞に出てましたね」と声をかけた。この日、読売新聞が「週内〇・五%上げ」をスクープしていたのだ。出席者によると、三重野が平然と「何か出ていましたね」と返したため、これに橋本が怒り、このあと記者たちに「白紙撤回させる」と口走ってしまう。結果的に、大蔵省と日銀の間でいったん固まっていた利上げが、翌週にずれ込む騒ぎに発展した。

事の真相は、自民党のプリンス橋本と、日銀のエース三重野との「大人げない意地の張り合い」(大蔵省幹部)に過ぎなかった。三重野は「腹が立った。もし大臣が最後まで折れなければ利上げを断行し、辞職しようと思った」と口述記録で心境を打ち明けている。

ただ、橋本の言動が中央銀行の独立性と絡んで論評されたことで、結果的には船出したばかりの三重野に追い風になった、と見る日銀関係者が少なくない。加えて、ある評論家が三重野を池波正太郎《いけなみしょうたろう》の時代小説に引っ掛けて、バブル退治に奮闘する「平成の鬼平《おにへい》」と命名したことが世間で受けたこともあり、鬼平支持の世論が徐々に形成されていく。

囃《はや》し立てられた三重野は、「褒められるとろくなことが起きない」と当惑していたが、この当時、バブルを意識しながら政策運営に当たっていたことは明らかで、一九九一年三月の参院予算委員会でもはっきりと認めている。

「もちろんバブルの退治を横目に見るというか、十分視野に入れてやっております」

相次ぐ利上げにもかかわらず、過熱する株式相場は大納会で三万八九一五円八七銭の史上最高値をつけ、一層の輝きを放つ。十一月にベルリンの壁が崩壊、十二月のマルタ会談で冷戦終結が宣言され、国際情勢が急を告げる中での、バブル最後の「燃焼」だった。

第1章　危機のとばくち

——バブル崩壊と大いなる先送り

1990–1995

土地バブルに「劇薬」投与

一九九〇年、平成二年は株価の暴落で幕を開けた。日経平均四万円を目指すとの大方の予想に反して、一月四日の大発会でいきなり二〇二円の急落。その後四カ月間で下げ幅は一万円を超え、下落率は二八％に達した。これと並行して円も国債も売り込まれ、円安・株安・債券安のトリプル安となる。

それでも日銀の引き締め意欲は衰えない。景気の基調に変化はないとして三月に公定歩合を一気に一・〇％、八月にはイラクのクウェート侵攻による原油価格の高騰《こうとう》を理由に〇・七五％引き上げた。公定歩合はついに六％に達し、長期金利は八％の大台を超えた。

総裁の三重野康は当時、公定歩合の「中央値五％」という独特の思想を持っていた。五％を軸に、景気の強弱に応じて公定歩合を操作するのが適切だという考えである。退任後に自費出版した回顧録『あるセントラルバンカーの半生記』に、三重野はこう書いている。

「金利の上げがだいぶ遅れたので、中立的水準（私にとっては大体五％）まではなるべく早く戻し、その後の情勢の変化に即応しようと考えていた」

なぜ中央値が五％なのか、経済学上の明確な根拠はない。三重野は、日銀の口述記録の中でも「理論的に言えと言われてもだめですね。かえって議論をややこしくする」と煙《けむ》に巻いている。ことあるごとに「金融政策はアート（芸術）」と言い続けていた三重野個人の経験と勘に基づくものだったようだ。

幹部の一人は後に「九〇年代の潜在成長率の低下とバブル崩壊のインパクトを考えると、中央値五％はいかにも高すぎた」と指摘する。

ただ、このころ三重野を表立って批判する声はほとんど出なかった。バブルへの反省と世論の支持を背に、日銀はわずか一年四ヵ月で強力な引き締め態勢の構築に成功したのである。

株式バブルは破裂したが、地価の上昇はその後も止まらなかった。

全国津々浦々まで地価が上がった列島改造ブームとは違って、バブル期の地価上昇はもっぱら東京で高まり、その後遅れて大阪、名古屋、地方の中核都市へと広がっていった。平成に入って東京の地価はほぼ沈静化したが、大阪では八九年に五〇％も暴騰し、名古屋や札幌、広島でも上昇率が高まった。

さらに上昇率は収まったものの、首都圏では土地もマンションも空前の高値に張り付き、サラリーマンの大半がマイホームの夢を奪われた。「鬼平のバブル潰《つぶ》し」に対する拍手喝采《かっさい》は、その実、不動産を持つ者と持たざる者との格差に対する深い怨嗟《えんさ》の声でもあった。

こうした国民の不満を背景に、一九八九年十二月に「土地基本法」が成立。投機的土地取引の抑制を目指し、「必要な法制上、財政上及び金融上の措置を講じなければならない」（第九条）と明記された。その金融上の措置で焦点となったのが不動産向けの銀行融資である。

金融機関の不動産融資はバブル期に年平均二〇％近い伸びを続け、日銀の調べでは一九八九年末の残高は前年比で三〇％も増えた。日銀の支店長会議で「東京の都銀の支店長が顧客を九州まで連れて行き、割安で値上がり確実だと言って土地を買うよう勧めている」といった報告が出されるほど、全国で融資競争が過熱していた。

このため、大蔵省は再三の銀行局通達に加えて、一九八九年二月から一部を対象に「特別ヒアリング」を実施し、十月にも厳正な土地融資を求める通達を出したが、大阪圏などの地価上昇は止まらない。しびれを切らした国土庁から「金融面での緊急対策」、つまり不動産向け融資の総量を規制するよう強く求められるようになる。

だが、大蔵省はこれに激しく抵抗した。折しも預金金利の自由化に続き、専門制・分業制を基本とする日本独自の金融制度を見直し、銀行・信託・証券の相互参入を可能にするための改革論議がヤマ場に差しかかっていた。自由化を推し進める傍らで、個別の融資について規制強化するのは筋が通らない、と銀行局長の土田《つちだ》正顕《まさあき》が総量規制に反対していたのを多くの幹部が記憶している。行政指導という手法を採ることの是非に加え、総量規制が効きすぎた場合のリスクも土田は感じていたという。

頑として動かない土田に決断を迫ったのは、世論の突き上げを受けていた時の首相、海部《かいふ》俊樹《とし き》である。海部は一九八九年八月の内閣発足直後から地価対策を最重点施策に掲げていた。

一九九〇年三月二十三日の土地対策関係閣僚会議。ここで五〇%を超える大阪圏の地価上昇が報告されることになった。海部は蔵相の橋本龍太郎を呼び、「なお一歩進めた努力」を検討するよう指示。大蔵省に戻った橋本が、総量規制の決断を土田に促したのである。

渋々応じた当時の様子を土田は後の国会でこう振り返っている。

「なかなか悩むところも多うございまして、決心がつきませんでした。しかしこの際、政府挙げての重要な方針として、土地関連融資について新たな対策を考えるようにという内閣の御指示もありましたので（中略）発出した次第です」（一九九六年二月十五日衆院予算委員会）

こうして三月二十七日、①不動産業向けの貸出については、その伸び率を総貸出の伸び率以下に抑制する②不動産業、建設業、ノンバンクに対する融資の実行状況を報告する――ことを求める総量規制が、土田局長名の通達として発出される。土地基本法に記された「必要な法制上、財政上及び金融上の措置」を踏まえた強力な行政指導だった。

発表直後のメディアの反応は散々で、「遅すぎた」「効果は疑問」などと酷評されたが、総量規制は劇薬にも近い効果を発揮した。全国銀行の貸出残高の対前年比で、発動直後の三月末は総貸出一一・三％の伸びに対し不動産業向けは一五・三％増となお上回っていたが、一年後には総貸出五・六％に対し不動産向けは〇・三％の伸びに急低下した。日銀の一気呵成《かせい》の引き締めとも相まって、土地バブルもここから崩壊の道を突き進むことになる。

三井銀行と太陽神戸銀行が合併し、太陽神戸三井銀行（後のさくら銀行）が発足したのは、この総量規制の発動直後、四月一日のことである。

未曽有の金融不祥事

潮が引いたあとに荒々しい岩場が姿を見せるように、バブルの崩壊は長らく隠れていた金融の闇《やみ》と腐敗を暴いていった。一九九一年（平成三年）、未曽有《みぞう》の不祥事が続発した。

伝説のディスコ「ジュリアナ東京」のオープンを目前に控えた四月下旬、日銀本店に近い富士銀行神田東駅《かんだひがしえき》支店で四枚の架空預金証書が発覚する。総額二三億円で、これを担保にノンバンクから不正に融資が引き出されていた。驚いた本部は直ちに全支店の調査を開始、五月に日比谷《ひびや》、六月には赤坂《あかさか》でも発見された。赤坂支店で不正に発行された架空預金証書は四六枚、総額二五七〇億円。それまでとは「不正の金額が二桁違う」と当局も驚く空前の不祥事が表面化したのは、七月二十五日である。

銀行員が不正に作成した架空預金証書を取引先の不動産業者らがノンバンクに持ち込んで融資させ、金を騙《だま》し取るという手口は、地上げ批判で融資が締め上げられていく中で編み出されたと言われる。富士銀行のあと協和埼玉銀行、東海銀行でも次々と発覚した。

そして、一連の不祥事の決定打となったのが、翌八月八日に見つかった大阪の料亭女将《おかみ》による三四二〇億円の架空預金事件である。

大阪ミナミで料亭を営んでいた尾上縫《おのうえぬい》は、バブル崩壊で資金繰りに窮し、旧知の東洋信用金庫の支店長に巨額の架空預金証書を発行させ、これを担保に融資を受けていた。証書の多くはノンバンクに持ち込まれたが、一部は日本興業銀行にも渡っていた。国を支える産業金融の雄と言われた興銀が、大阪の料亭女将に騙されていたのだ。

尾上はバブル期に興銀大阪支店とのつながりを深め、ピーク時二九〇〇億円の割引金融債（ワリコー）を保有、これを担保に興銀グループから最大二四〇〇億円の融資を受けていた。大企業の銀行離れを背景に、個人や中小企業との取引を強化しようと焦った興銀が、常軌を逸する額の融資を個人向けに行っていたことが明るみに出た。

尾上が興銀を騙した手口はこうだ。担保に入れていたワリコーを「税務処理上必要になったので預金証書に一時差し替えたい」と言って架空預金証書と交換し、数日後に約束通りワリコーを戻す。これを三回繰り返して相手を信用させ、四回目の差し替え後、ワリコーを返さなかったのである。預金証書は金額こそチェックライターで打たれていたが、日付はゴム印、証書・口座番号、利率はすべてボールペンによる手書きだったという。尾上の架空預金証書は、興銀とほぼ同じ手口で、富士銀行にも渡っていた。

事件の二週間後、頭取の橋本徹《はしもととおる》は国会に呼ばれ、「金利自由化の中で経営姿勢として収益偏重に傾いていったことがすべての背景にある」と陳謝。同じく呼ばれた興銀頭取の黒澤洋《くろさわよう》も「信頼を損なうことになり、誠に慙愧《ざんき》に堪えない」と口にした。東西で同時発生した空前の架空預金事件に絡んだ二つの名門銀行が、バブルの後始末に苦しみ、この九年後に経営統合の道を選ぶとは、両頭取とも予想しなかっただろう。

バブル崩壊は、これ以外にも数々の金融スキャンダルを世に暴露した。住友銀行では元支店長が株の仕手集団に顧客を紹介する出資法違反で逮捕され、中堅商社イトマンにおける乱脈経営の責任問題も絡んで、「住銀の天皇」と呼ばれた実力会長が辞任に追い込まれた。また、同じ仕手集団代表への不正融資で協和埼玉銀行の初代頭取も辞任した。野村証券では営業特金と呼ばれる財テク商品で大口顧客の損失を補塡《ほてん》していたことが暴かれ、やはり実力会長が引責辞任した。銀行・証券に対する不信感はこの年頂点に達する。

銀行と顧客とのトラブルも激増していた。銀行局に寄せられる国民からの苦情件数は増加の一途を辿り、二〇年以上苦情処理に携わってきたベテラン職員によると「銀行側よりも、苦情を申し立てた側の言い分に理のあるケースが圧倒的に多かった」という。それほど銀行の融資攻勢は激しく、モラルを逸脱していた。また、闇社会とも深くつながり、銀行の幹部が相次いで射殺される悲惨な事件もこのあと続発した。

架空預金事件の尾上にはその後、詐欺罪などで有罪判決が下り、破産宣告を受ける。負債総額は個人では史上最高の四三〇〇億円に達した。証書を発行した東洋信金は経営破綻《はたん》し、預金保険機構からの資金援助を受けて三和銀行などに分割譲渡され、消滅した。

不祥事続発の傍らで、一九九一年夏は金融破綻のとばくちでもあった。

富士銀行の架空預金事件が表面化した前日の七月二十四日、松山を拠点とする東邦相互銀行が経営に行き詰まり、伊予銀行に救済合併された。合併に際し、伊予銀行は預金保険機構から八〇億円の低利融資を受けた。預金保険が発動された初のケースである。

当時の担当者によると、銀行局は「預金保険を使うと世の中が余計な不安を抱く」と言って、伊予銀行に通常の合併を強く働きかけたが、伊予側は「当局に頼まれたという具体的な形がないと、株主や地元関係者に説明がつかない」と言って譲らない。銀行局は一時、他の地銀による救済も検討したが、最後は伊予銀行に根負けしたという。

銀行局幹部は「当時は使わないでくれと言ったが、預金保険という伝家の宝刀を使う実例ができ、結果的には良かった」と述懐する。日銀側の担当者は「預金保険を使った方がいいと、本行の幹部が伊予銀行に助言し、銀行局にも働きかけた」と打ち明けている。

さらにこの合併の二週間ほど前、ルクセンブルクを拠点とするバンク・オブ・クレジット・アンド・コマース・インターナショナル（BCCI）が不正経理で英当局などから営業停止命令を受け、この東京支店が七月六日、大蔵省に臨時休業を届け出た。支店には二五〇口座、五三七億円の預金があったが、引き出しができなくなり、多数の預金者に被害が及んだ。二週間後、東京地裁に財産保全処分と特別清算の開始を命じられ、消滅した。

この破綻劇で、日本興業銀行も東京支店との円ドル交換取引で三〇〇〇万ドルの損失を被った。東京で四〇億円を先払いし、七時間後にニューヨークで見返りの三〇〇〇万ドルを受け取る予定だったが、その時間帯にBCCIが営業停止を命じられたためだ。一九七四年に旧西独のヘルシュタット銀行破綻の際に起きた「時差に伴う外国為替決済リスク（ヘルシュタット・リスクと呼ぶ）」が日本で発生した希有《けう》な例である。

この一九九一年の暮れにはソビエト連邦が崩壊し、自由主義経済圏の拡大に伴うグローバル競争の号砲が鳴る。そんな大転換期に、日本だけがバブル崩壊の足音に身を縮めていた。

昭和金融恐慌の教え

一九九二年（平成四年）。三月に発表された公示地価は、東京、大阪など大都市圏の住宅地で前年比マイナス一二・五％。全国平均でもマイナス五・六％と、一七年ぶりの下落を記した。この年から実施された地価税の心理的効果も重なり、土地バブルは株式に一年遅れで崩落を開始する。

ただ、この時点では「地価はもっと下げられる」（朝日新聞）、「再び地価高騰を起こさないために」（日本経済新聞）と題する社説が展開され、地価下落のリスクよりも再上昇を心配する声の方がまだ圧倒的に多かった。

平均株価はその後も下落が続き、三月に二万円の大台を割り込み、六月には一万六〇〇〇円を切った。いよいよバブル崩壊の足音が強まる中、土田正顕から大蔵省銀行局長のバトンを渡されたのが寺村信行《てらむらのぶゆき》である。

寺村が就任した段階では、不良債権は世間的にはまだ重大事とは考えられていなかった。この当時、都市銀行は第一勧業、富士、三菱、住友、さくら、三和、東海、東京、大和、協和埼玉、北海道拓殖の一一行、長期信用銀行が日本興業、日本長期信用、日本債券信用の三行、信託が三井、三菱、住友、安田、東洋、中央、日本の七行あった。これら大手二一行の三月末時点での不良債権額は約八兆円と公表されていたが、有価証券含み益が一七兆円余りあり、「内部留保などを考慮すれば、金融システム全体に問題が生じることはない」と、大蔵省は対外的に説明していたからである。

しかし、バブル崩壊で株価は下がり続けている。三月末の数字を基にシミュレーションすると、平均株価が一万円まで下がると二一行の大半で含み益が消失し、不良債権の損失をカバーできなくなることが判明した。

さらに、銀行の自己資本比率を八％以上とするよう定めたＢＩＳ規制の発動が一九九三年三月末に迫っている。邦銀の資本不足を補おうと、大蔵省の働きかけにより有価証券含み益の一部を自己資本に加えてもらったことが、株価下落で「裏目」に出始めていた。

このまま株価が下がり続けると、銀行は支払い不能に陥り、パニックになるのではないか。自己資本比率の低下を恐れ、貸し渋りが蔓延《まんえん》するのではないか。上がってきたシミュレーションを手に寺村は背筋が寒くなった、と話している。

そんな寺村に、さらに衝撃的な情報がもたらされたのは八月五日。日銀理事の福井俊彦と会ったときのことだ。福井は局長から理事に昇格し、三重野の懐刀として動いていた。

「私どもの調査では、不良債権は四十数兆円。総貸出残高の七％に達しています。不動産価格の上昇を期待した対応は無理であり、不良債権のリバイバルはあり得ません」

公表ベースの不良債権約八兆円に対し、日銀の極秘調査では四十数兆円。驚くべき数字を伝えた福井は「解決が長引けば、かえって事態の収拾は困難になるばかりです。一刻も早く損失処理を進めていく必要があります」と言い、「放置すれば事態は悪化します。損失の確定を急ぐべきですし、その過程で生ずるであろう信用不安に対しては、大蔵省と日本銀行が身を挺《てい》して防ぐ覚悟が必要です」と訴えた、と銀行局の面談記録に記されている。

最悪の事態に備えなければならないと考えた寺村は、まず昭和金融恐慌に関するリサーチを部下に指示する。過去の対応に解決策のヒントを求めようと考えたのである。

一九二七年（昭和二年）三月に勃発《ぼっぱつ》した金融恐慌は、大きく二波に分かれている。

まず、第一次世界大戦後の反動不況と関東大震災で不良債権を抱えた銀行の経営が悪化したため、政府は財政資金の投入を画策するが、野党は国費による救済だと猛反対する。そこで不良債権の実態を秘密会で情報開示したところ、瞬時に国民に伝わってしまい、さらに片《かた》岡直温《おかなおはる》蔵相の国会での失言を機に取り付け騒ぎが東京一帯と関西に広がる。このため議会はやむなく財政資金投入を認め、騒ぎはいったん収まった。これが第一波である。

その翌月、今度は台湾銀行を救済しようと新たな財政資金の投入を図るが、枢密院は責任追及が不十分だとして政府案を否決。台湾銀行は休業し、全国規模の取り付け騒ぎに発展、銀行は次々と休業に追い込まれた。内閣は総辞職し、後継内閣の高橋是清《たかはしこれきよ》蔵相が全国の銀行を臨時休業させ、二一日間の支払い猶予令（モラトリアム）を発令、同時に片面印刷の紙幣を大量増刷させて銀行に供給する。さらに、否決されたものと実質的に同じ内容の法案を臨時議会で成立させ、騒動は収束した。これが昭和金融恐慌の大まかな流れである。

調査結果を聞いた寺村は、いったん金融恐慌が起きた場合の混乱の激しさとともに、実際の取り付け騒ぎを挟んで国民世論が一八〇度変わったことに着目した。

恐慌が起きる前の財政資金投入には、議会も国民も反対するが、恐慌が起きると一転して理解を示す。銀行が破綻する前に財政資金を入れようとすると、銀行救済のためだと誤解され、強い反発が起きる。しかし、いったん取り付けが起きれば、投入の目的が預金者救済であることが理解されるため、議会の同意も得られやすい。

昭和初期と比較して、銀行の経営基盤は不安含みながらもまだ盤石で、年間五兆円近い業務純益と保有株式の含み益があった。そんな状況下で、財政資金について国民や国会の理解を得るのは難しい、と寺村らは結論づける。

寺村は局内で連日議論を重ね、当面の対処方針を次のように整理していった。

一、株式含み益が消滅し、銀行が債務超過となれば、信用不安による金融恐慌が発生する可能性がある。そのときには、預金者保護のために公的資金を投入しなければならない。（中略）しかし、公的資金の投入は、銀行が債務超過となり、支払不能になることが明らかにならない限り、行うべきではない。

一、公的資金の投入には、国民の同意が必要だが、そのためには投入の目的が預金者利益の保護にあることが明瞭《めいりょう》でなければならない。銀行の経営破綻が明らかでない場合の投入は、国民には銀行救済と受け取られる。昭和金融恐慌の例に見られるように、国民の怒りを招き、いたずらに事態を紛糾させ、かえって国民負担の増大を招く。

一、多額の株式含み益が存在する限り、銀行は債務超過にならないから、公的資金は投入すべきでない。銀行が債務超過にならない限り、不良債権の処理は金融機関の自己責任で処理すべきである。

（銀行局作成メモより抜粋）

公的資金の安易な投入に頼らず、銀行の自助努力を求めるというこの考え方は、その後の寺村銀行行政の基礎となっていく。

宮澤首相の処方箋

ところが、寺村とは全く異なる策を練る人物がいた。海部の次の首相、宮澤《みやざわ》喜《き》一《いち》である。政界きっての経済通で鳴る宮澤は、早くから金融が経済全体の足を引っ張っていると感じていた。宮澤の下には思い切ってメスを入れるべきだという提案が次々と持ち込まれ、ある金融界のトップがこんな進言をした、という銀行局の記録が残されている。

「大蔵省は大量の不良債権に腰を抜かして、荏苒《じんぜん》日を送るのみ。政治的決断で公的資金を導入し、不良債権の処理を急ぎ、事態の悪化を防ぐべきである」

七月二十六日の参議院選挙の直後、宮澤が官房副長官、首相秘書官らと官邸で昼食を摂《と》っていたときのことである。宮澤がこんな話をしたのを秘書官の一人が覚えている。

「アメリカのS&Lの救済策やイギリスのライフボートの件を見ても、それなりのものを日本の金融機関に対してもやらないと大変なことになる。やはりやるときは公的資金を入れて、きっちりしないと流れは止められない」

米国では、一九八〇年代後半に破綻した貯蓄貸付組合（S&L）の損失処理のため、一二兆円規模の財政資金が必要になった。英国でも七〇年代初頭のノンバンク危機を乗り切るため、中央銀行からの出融資を柱とする「ライフボート（救命艇）作戦」が実施されている。宮澤の発言はこれを踏まえたものだった。

秘書官の一人が「公的資金を入れて不良債権を解消するというのは、政治的にも難しいし、国民の理解はとても得られないのではないでしょうか」とやんわり反論した。

だが、宮澤は一人不安を募らせ、悶々《もんもん》としていた、と話す。

「金融経済の実情は意外と悪いんじゃないか、株価ももっと下がるだろう、と相当心配していた。しかし、役人たちは、株はある程度仕方ないが、土地がこのまま下がり続けるはずはないと思っているもんだから、一向に危機感を持たないし、（対応策を）上げてこない。このまま行って、嫌なことが起きなきゃいいがなあと思っていた」

秘書官の慎重論を聞きながら、宮澤ははたと気がつく。

「いざとなったら、日銀総裁と話をして、急場のことだけ決めればいい」

実際、宮澤と鬼平・三重野は、かなり頻繁に連絡を取り合っていたようだ。

三重野の口述記録や自費出版の回顧録によると、一九九一年十一月に宮澤が首相の座に就く直前、三重野は手紙を書き、金融政策の方向性を伝えた上で最後にこう結んだ。

「どうか総理、日銀にお任せ下さい。私にお任せ下さい」

宮澤はその後、「分かりました」と返し、その後は「金融政策は日銀に任せている」と繰り返すようになった。実際、日銀に注文を付けることもなかった、と三重野は話す。

また三重野は「首相とゴルフをご一緒する際」に、公的資金の投入について次のような進言をしたとも記している。新聞の「首相動静」に二人が一緒にゴルフをしたという記録は残されていないが、その内容から一九九二年の夏ごろの可能性が高い。

「公的資金を入れるということを、もうやらなければ駄目なんですが、これは大蔵省の事務方から上がってくることはありません。総理が自分で指示してやらなきゃ駄目です」

宮澤は「ああ、そうですか。やっぱり僕が言わなきゃ駄目ですかね」と返したという。

そんな宮澤の動きを知らない寺村は、熱帯夜が続く中、株価急落への対応を迫られていた。平均株価は七月末に一万五〇〇〇円割れ寸前となり、不安心理が一段と広がっていた。「ここは何かパッケージにして、市場にメッセージを出した方がいい」という前任の土田から助言を受けた寺村は、八月十一日から対策作りに取りかかる。大臣官房からの指示で証券局でも検討が始まった。連日深夜まで及ぶ議論を経て、「金融行政の当面の運営方針」と題するペーパーの原案が寺村のところに上がってきたのは、八月十三日のことである。

平均株価はこの二日前に終値で一万五〇〇〇円を割り込んでいた。寺村は十三日から二晩ほぼ徹夜で原案に筆を入れ、前任局長の土田の助言も仰いで発表文を書き上げた。

一方、宮澤も八月十一日から軽井沢《かるいざわ》の別荘で長い休暇に入っていた。自分と大蔵省との危機感には相当な開きがあると感じていた宮澤は、「もしかしたら自分が心配して東京に戻ってくるとか、そういうことに意味があるのかもしれない」と思い、軽井沢から三重野に電話をかける。

「ちょっと危なくなったなあ。心配しているんだけど、政府の中に緊張感がないんだ」

三重野は「総理、分かってます。私の方でいろいろ考えますから、心配なさらないで下さい」と言い、こう付け加えた。「いざとなったらできることは全部しますから」

この「できること」について、三重野は一万円割れのような非常事態には日本証券金融などを経由して日銀資金を大量に株式市場に入れようと考えていた、と後に話している。

だが宮澤は、三重野に対し、こんな驚くようなプランを打ち明けた。

「三重野さん、実はね、私は東京に帰ろうかなんて思ってんだ」

平均株価が一万四〇〇〇円を割れば、市場はパニックになる。そのときは直ちに帰京し、東京証券取引所を一日閉鎖する。首相の突然の帰京、さらに市場閉鎖というショック療法によって、国民に緊急事態を伝え、公的資金の投入を含む問題解決への道筋を作ろうというのである。宮澤は後にこう証言している。

「昭和二年（金融恐慌）の時も高橋さん（高橋是清蔵相）は随分市場を閉めた。困ったときはやはり一度休んで考えた方がいい。そこで政府も日銀も集まって案を作る。しょっちゅうやっていい案ではないが、困ったときにはやらざるを得ないと思った」

快晴の八月十五日。全国戦没者追悼式に出席するため、宮澤は一時帰京した。

株価対策のためのショック療法を狙った帰京ではなかったが、式典のあと、宮澤はホテルオークラで、経団連会長の平岩外四《ひらいわがいし》と二五分ほど会談し、こんな話をした。

「アメリカはＳ＆Ｌの救済に多額の財政資金を投入した。日本も一種の危機管理のようなことをやっても恥ずかしくない。（中略）とにかく危機管理は外に言ってはならない」

公的資金に対する宮澤の意欲に、同席した官房長官の加藤紘一《かとうこういち》は「びっくりした」と後に話している。だが、大蔵省が残した会談メモによれば、平岩がここで待ったをかけた。

「銀行に対しては一種の抵抗感があり、財界としては銀行界にもう少し自主努力をしてほしいとの雰囲気があります。言いにくいことですが、銀行は高い給料を払っている」

平岩の「ノー」の意思表示に対し、宮澤はこう返した。

「そうは言っても金融機関をあまり叩《たた》いてばかりいても、日本経済全体がおかしくなる前に考える必要がある。金融機関は自分からは言いだしにくいので、経団連あたりから言ってもらえばいいのではないか」

平岩は「もう少し検討させてほしい」と言って、この話題を引き取った。

この秘密会談の後、宮澤は大蔵省出身の首相秘書官、中島義雄《なかじまよしお》に「必要なら帰京し、市場を閉める」と伝えた。経済社会総合研究所の口述記録で、中島はこう証言している。

「必要なら東京に戻ると総理が言われたのは、私が軽井沢に駆けつける直前だった。(中略)総理が一番危機意識を持っておられた。(中略)しかし、大蔵省はとんでもない、(中略)絶対に説得してやめてもらう必要がある、とめろ、ということでした」

中島は直ちに大蔵省の総務審議官、日高壮平《ひだかそうへい》に相談する。

「みんなびっくり仰天したわけ。(中略)市場を閉めるなどというのは大変な金融恐慌みたいなとき以外はないわけだから。(中略)これは大変だ。とにかく総理を説得しなければいけない。とにかくできるだけの政策を総動員しようと」(同口述記録より)

そして宮澤に「大蔵省として最大限のメニューで対応策を検討しています。一回それを見て下さい」と懇願する。その「最大限のメニュー」というのが、寺村らが書き上げた「金融行政の当面の運営方針」だったのである。

宮澤は再び軽井沢に戻ったあとも、「このまま何も手を打たないならまた戻らないといかん」と言い、中島は「不安感が市場に満ち溢れて大変な混乱が起こる」と懸命に押しとどめていた。が、業を煮やした宮澤は八月十七日、「大蔵大臣に何か声明させなさい」と中島に指示する。

寺村らがまとめたペーパーを読んだ中島は、「総理の考えとちょっと違う」と感じながらもハイヤーに飛び乗り、軽井沢に向かった。別荘に到着したのは午後九時過ぎだった。

寺村らが用意した新方針は、株価低迷への対応、融資対応力の確保、不良資産処理の三本柱から成っていた。第一に、決算対策のための益出しの抑制を銀行に求め、株式評価損の償却も三月期決算まで見送っていいことにした。貸し渋り対策では永久劣後ローンなど自己資本の拡充策が認められ、不良債権の償却促進のため税務上の取り扱いを見直すことや担保不動産の流動化も盛り込まれていた。だが、「公的資金」の文字はどこにもなかった。

宮澤は「妙な紙が出てくるものだ」と思いながら、中島の説明を聞いたのを覚えている。

「やっぱり東京に戻った方がいいんじゃないか」

再び不満を表した宮澤に、中島は「戻ることがマイナスのシグナルになります」と懸命に押しとどめた。だが、だからと言って「この紙を発表すれば大丈夫です」とも言わない。首相と大蔵省との危機感のずれにいちばん困っていたのが中島だった、と宮澤は振り返る。

「まあ東京に帰ってどうするんだと言われるとなあ。みんなに警鐘を乱打するだけで、それでどうするんだと言われたら、俺《おれ》も困る」

宮澤は最後にこう言って折れた。もとより相手を権力で押さえ込み、持論を押しつけることを嫌う。機が熟すのを待つことにした宮澤は、この日の日記にこう記した。

〈東京株式市場連日下落し、不安深し。大蔵大臣より金融証券行政の運営につき声明をさせることとして、その案を中島君が持参〉

八月十八日、火曜日。平均株価はバブル後最安値の一万四三〇九円をつけた。市場が閉まるのを待って、蔵相の羽田孜《はたつとむ》は金融行政の当面の運営方針を公表する。この翌日、宮澤は「証券市場、反応あり」と日記に書いた。その通り、株価はここから急反発を開始する。

だが、宮澤はそれでも「公的資金」を諦めきれないでいた。

八月二十八日、事業規模で過去最大となる一〇兆七〇〇〇億円の総合経済対策が決まり、株価維持策（PKO）と呼ばれる郵貯・簡保資金を使った新たな株式運用枠ができた。平均株価は一万八〇〇〇円近くまで回復し、目先の危機は去りつつある。だからこそ、このタイミングで「危機の本質」を伝えておこう、と宮澤は心に決める。

八月三十日。軽井沢で開かれた自民党のセミナーで、宮澤は満を持して講演した。

「市場経済が正常に機能しない時に、しかるべき方途を考えることは、政府、中央銀行の当然の責務だ。銀行が持っている不動産をどう流動化するか、金融機関が知恵や金を出し合ってやるのが一番好ましいが、必要ならば公的援助をすることにやぶさかでない。（中略）これは銀行を救済するのではない。国民経済の血液たる金融がうまく動かなければ迷惑するのはお互いだ。国民経済全体のためならば、あえて辞するものではない」

講演内容を伝えた中島は、大蔵省幹部から「お前、何をやっているんだ」と叱責《しっせき》され、「ずいぶんお叱《しか》りを受けた」と経済社会総合研究所の口述記録で証言している。

寺村も「えーっ、言っちゃったのか」と一瞬天を仰いだが、大急ぎで「現段階での公的資金導入は適切ではない」という内容の想定問答を作成する。事務次官の尾崎護《おざきまもる》、蔵相の羽田の了解を取り付けた上で、中島にファクスで送った。総理の判断を至急仰ぎ、了解を取ろうとしたのだ。

目を通した宮澤は表情一つ変えず、「これはこれでいいですよ」と中島に言った。

「公的援助と言っても、何も大蔵省に何かやってくれというんじゃないんだ」

霞《かすみ》が関《せき》も産業界もマスコミも必要性を感じない現状で、直ちに公的資金が投入できるとは宮澤も思っていなかった。「公的援助」という曖昧《あいまい》な表現をあえて使ったのも、「それが税か、財政投融資か、金融なのか特定することにはならないと思った」からだった。

事実、九月二日には日経連会長の永野健《ながのたけし》が「公的資金で助けてもらおうと言うのなら、賃金など経営情報をきちんと公開してもらわなければ世間は納得しない」と銀行批判の口火を切る。平岩が言った通り、財界はまだ公的資金を認める雰囲気になかったのだ。

結局、全国銀行協会連合会の会長を務めていた三菱銀行頭取の若井恒雄《わかいつねお》が、自己責任による最大限の努力を表明することで、公的資金論議にけりがついた。

「総理大臣が鉦《かね》太鼓を叩いてみても、応じてくる者はいない。どこへ手を入れたら事が動き出すというめどがつかない、そんな状況だった。これは上が号令をかけて動き出す話ではなく、全体から盛り上がってこなければ実現できる話ではなかった」と宮澤は振り返る。

首相と大蔵省の板ばさみにあった中島の心中はさらに複雑だ。

「（大蔵省は）公的資金の投入までしなくとも、そのうちに市場の自動的な反転があるだろう（中略）地価も戻るだろう、という意識が非常に濃厚でした」と口述記録の中で語り、この夏の騒動についてこう総括した。

「株価がぐうっと回復したのは幸いのように見えましたが、長い目で見ると、本格的な政策の出動が遅れたという意味では、（株価が）上がってしまったのがかえって不幸だったのかもしれない」

銀行局が封じ込んだ公的資金が政策課題として再浮上するのは、寺村の読み通り、金融危機が現実のものになった後のことである。

「住専先送り」の深層

一九九二年（平成四年）夏。公的資金をめぐる首相との駆け引きと並行して、銀行局は二つの個別案件と向き合っていた。住専（住宅金融専門会社）と兵庫銀行である。いずれも平成金融動乱の象徴的存在となっていくが、この段階ではまだ序章に過ぎない。

住専は、個人向け住宅資金を供給するため、金融界が一九七〇年代に次々と設立したノンバンクである。大蔵省の「直轄会社」であり、天下りも受け入れていたが、その後、設立母体である銀行自身が住宅ローン事業に参入したため、住専各社は失地挽回《ばんかい》のため不動産融資にのめり込んでいく。結果として、バブル崩壊で大きな傷を負うことになった。

大蔵省が一九九一年に行った立ち入り調査によると、住専七社の貸付金の約四割が既に不良債権化し、「瀕死《ひんし》の状態」にあったが、なかでも三和銀行をメーンバンクとする日本住宅金融（日住金）の再建計画がまとまらず、最大の懸案となっていた。

住専問題の難しさは、その複雑な構図にある。住専に対する金融機関からの融資残高は約一五兆円あったが、このうち四割を農林系統金融機関が占め、設立母体となった都銀などの融資は四分の一に過ぎなかった。さらに、どの住専も複数の銀行が共同で設立したこともあり、三和をはじめ母体行の「責任意識」は極めて希薄だった。

これに対し、農林系統金融機関は、持ち前の政治力をバックに「住専再建は母体行の責任で」と圧力をかけ続けていた。へたに扱えば、政治問題化するのは必至だった。

そんな中、日住金の再建計画は、宮澤が一時帰京する前日の八月十四日に銀行局幹部が母体九行を半ば強引に説得し、金利減免で一気にまとめてしまう。これにより当面の危機は回避されたが、金利減免による再建が早晩行き詰まるのは目に見えていた。

金融機関が複雑に絡み合う住専向け融資の実態を見て、銀行局長の寺村信行は「これは時間をかけて、解きほぐしていくしか方法がないんじゃないか」と考えるようになる。

既に公的資金を投入しないという方針は固まっている。公的資金に頼らず、自己責任で不良債権を処理するということは、内部蓄積と毎年の業務純益の範囲内で、計画的、段階的に処理していくしか解決策はない。寺村は一つの結論に辿り着き、後にこう述べた。

「不良債権の山を自己責任で処理するとすれば、一括処理はどう考えても不可能だった。相当の時間をかけて、段階的に処理していくしか道はない。その長い調整の過程で、いかにしてパニックの発生を回避していくかが、バブルの終戦処理であると思っていた」

壮大とも言える住専先送りの方針が固まったのも、また一九九二年夏の話である。

一方、農林系統が住専に貸し込んだ背景には興味深い事実がある。劇薬と言われた二年前の不動産向け融資の総量規制から、農林系統と住専がそろって除外されていたのだ。住専という「総量規制の抜け穴」に、資金の運用先を求める農林系統から不動産マネーが流入し続けた結果、住専問題は巨大化していったのである。

住専を規制から外した理由について、通達を出した土田正顕は後に「免許業種である銀行などに対象を限った」と説明した。が、銀行と同じ立場の農林系統が除外された理由は今一つ判然としない。これについて、元官房長官の後藤田正晴《ごとうだまさはる》が貴重な証言を残している。

「抜けておったものがあるんですよ。農業協同組合と信用金庫が（総量）規制から抜けていた。農協の反対でだよね」（『情と理　後藤田正晴回顧録』より）

総量規制から免れたのは、そもそも農協が反対したからだというのである。

農林系統の持つこうしたパワーは、公的資金論議にも微妙な影響を及ぼした。一九九二年の夏ごろ、三重野康がゴルフ場で「総理が自分で指示してやらなきゃ駄目です」と宮澤喜一に公的資金を進言したことがあったが、あのときも実は農林系統と住専が主テーマだった。

退任後の口述記録によると、三重野は宮澤にこんな話をした。

「住専問題というのは、結局は農林系統の救済になります。これは公的資金を入れないと駄目なんですが、公的資金を入れるにはなかなか名分が立たないでしょう」

住専処理の核心が農林系統にあること、公的資金抜きでの解決が難しいことを三重野は早くから見抜いていた。そしてこんな大胆な提案をする。

「農林系統には農林中央金庫と県信連（県の信用農業協同組合連合会）、農業協同組合の三段階ありますが、これを二系統にしてはどうですか。そのためにいろいろと金がいりますから、それを公的資金ということで出したらどうですか」

　農林系統の再編支援を名目に住専処理の公的資金を出せばいいという提案だ。興味深いことに、宮澤はこの三年後、三重野案に沿って動いた形跡を残している。一九九五年の暮れ、宮澤は大蔵省幹部を事務所に呼び出し、住専処理に公的資金を導入するよう促した上で、こう助言したという記録が銀行局に残っている。

「もし金融サイドから（公的資金を）入れるのが難しいんだったら、農業部門から検討してみたらどうだ。そうすれば社会党もついてこられる」

ただ、住専処理はこのあとさらに混迷を深め、宮澤や三重野が描いたイメージからは遠くかけ離れていくことになる。


　この住専問題とほぼ同時に出てきたのが兵庫銀行の資金繰り危機だった。「八月二十日以降、金繰りがつかなくなる恐れがある」との連絡が、神戸支店から日銀本店に入っていた。神戸を拠点とする兵銀は、資金量三兆円を超える第二地方銀行の最大手である。一九八九年に相互銀行から普通銀行に転換したが、バブル崩壊で系列ノンバンクを中心に不良債権が発生し、経営難の噂《うわさ》が流れる。資金調達の多くを譲渡性預金や大口定期などに頼っていたため、それらの満期が集中する八月二十日以降の資金繰りが窮迫する事態となったのだ。「金融行政の当面の運営方針」が発表された八月十八日、兵庫銀行の頭取は大株主の住友銀行、日本興業銀行など四行を回り、「一〇年間五〇〇〇億円の資金援助」を突如要請する。何の前触れもなく不用意に訪問した結果、兵銀の資金繰り危機は一瞬にして外部に知られることになった。

八月二十五日。見るに見かねた日銀の信用機構課長、白川方明《しらかわまさあき》が大蔵省に出向き、中小金融課長に「しっかりとしたリストラ策と経営陣の刷新、大蔵省と日本銀行による全面的なバックアップが必要」と提言した。その後、兵銀が早ければ九月一日にも日銀貸出を必要とすることが分かったため、日銀は貸出実行の条件として、経営陣の刷新とリストラの実行を兵銀に求めることになる。事態はここから当局主導へと切り替わっていった。

八月二十八日。寺村は住友銀行頭取の巽外夫《たつみそとお》と会談した。日銀貸出が実行されても九月末にはさらに二〇〇〇億円が不足するため、兵銀の大口株主である住友に協力を仰いだのだ。

「現在、銀行検査に着手しており、その結果を踏まえ自力更生のための厳しいリストラを実施するよう要請するつもりです。が、その前に資金ショートが発生した場合、金融システムの安定性確保のために資金支援の協力をお願いできませんか」

銀行局が残した会談記録によれば、寺村の要請に対し、巽は日銀も支援することを条件に応じると答えたが、一つ気になることを言った。

「同業者として見る限り、兵庫銀行は関連ノンバンクが傷んでいる上に、本体にもかなりの不良債権があるように思われます。今の会長が実権を握っている限り、検査に入っても実態の隠蔽《いんぺい》が図られ、十分な把握が難しいのではないでしょうか」

兵銀は綱渡りの資金繰りで何とか九月を乗り切り、大蔵省・日銀の管理下で生存の道を探る。が、同じ関西を拠点とする巽の読みの確かさは、後に証明されることになる。

八月に母体行の金利減免で一息ついた住専大手の日住金だが、秋には新たな危機に直面した。翌年の二月に再び資金繰りで行き詰まることが確実になり、新たな減免が必要になったのである。しかし、三和銀行はじめ当事者間の交渉は全く進まず、時間だけが過ぎていく。

暮れも押し詰った十二月二十五日のクリスマス。大蔵省四階の銀行局長室で日銀理事の小島邦夫《こじまくにお》が寺村と向かい合った。

「住専はもはや存続基盤がなく、整理するしかないという結論に達しました」

面談記録によると、小島はそう言って、次の四項目を提案した。

――住専七社を一〇年ほどかけて整理する

――分割償却・受け皿会社の設立を含めた具体的な方策を早急に立てる

――そのために融資金融機関に対し、早急にロスの分担を決めさせる

――処理の過程で公的資金の投入も必要となろう

小島は「早期に着手することが不可欠であると日本銀行は考えます。処理が遅れれば、年間四〇〇〇億円の損失が累積していくことになるでしょう」と述べ、最後に言い添えた。

「これは役員集会に諮《はか》った上でのご提案であります」

中央銀行からの予期せぬ〝クリスマス・プレゼント〟に寺村は当惑し、課長らは猛反発した。提案の詳細について説明するため銀行局を訪ねた信用機構課長の白川は、課長らから激しく非難されたのを覚えている。

「日銀の課長ともあろう人間が、公的資金の投入なんてとんでもない。けしからん話だ」

小島の提案に対する銀行局の公式回答は、結局「ノー」だった。その上さらに、金利減免案で関係金融機関を説得したいと日銀に打ち明け、逆に協力まで求めてきた。

日銀サイドに、寺村銀行行政への不満と不信感が徐々に積もっていった。

「覚書」はなぜ交わされた

明けて一九九三年（平成五年）。この年も暖冬だった。日住金の資金繰り破綻を防ごうと、

銀行局は関係方面との折衝を急ぐ。ターゲットはメーンバンクの三和銀行で、同時に農林水産省にも農林系統金融機関を説得してほしいと協力を要請した。

一月二十九日、三和銀行が追加の金利減免案に不承不承納得する。だが、農水省との折衝は予想以上に難航した。農水省は「母体行は農林系統に迷惑はかけないから、融資を引き揚げないでくれと頼んでいた。計画を見直すなら、元本の回収を考えざるを得ない」と主張。これに対し、大蔵省は「実行可能な再建計画を作るから、協力してほしい」と懇願した。

折衝はやがて条件闘争へと移り、農水省は「母体行が本当に再建する意思があるのか確認しないと系統は協力できない」と言い、再建の証《あかし》を示すよう迫る。その上で、農林系統からの要求だとして①元本の優先弁済②金利が上昇した場合の適用金利の見直し③日銀による支援――など次々と条件を出し、合意事項をすべて「覚書」として残すよう要求した。

覚書とは、省庁間の交渉で交わされる文書で、これによって「言った」「言わない」の争いを防ぎ、省庁間の「貸し借り」を記録しておく意味合いがある。予算折衝で毎年多数の覚書が交わされてきたこともあり、寺村は特に迷うこともなく文書を詰めるよう指示した。

出来上がった最終文書のポイントは①農協系統に今回の措置を超える負担をかけないよう大蔵省が責任を持って母体行を指導する②日銀が農林中央金庫に日銀貸出を実行するよう調整する③日銀貸出については公表しないこと――の三点だった。

文案を見た寺村は、譲りすぎではないかと感じたというが、タイムリミットが迫っていることから仕方なく署名に応じ、農林系統との話がまとまった。

このあと銀行局は、「覚書」を履行させるため、嫌がる母体行に連名で「念書」を提出させ、その写しを農水省に渡す。こうして二月二十六日、長い折衝の末に母体九行は金利減免スキームで合意し、これに農林系統も応じた。日住金をモデルに住専七社の第二次再建計画が次々とまとまっていった。

住専危機を防ぐため、銀行局はあらゆる権限を駆使し、時に強引に振る舞いながら、再建計画をまとめ上げた。後に「覚書」が公表され、世の指弾を受けるとは、この時点で誰《だれ》一人想像していない。

覚書によって住専問題が山を越えた二月ごろ、東北の金融問題を片付けようという計画が動き始めていた。一つは岩手の釜石《かまいし》信用金庫の破綻処理、もう一つが北日本銀行（本店盛岡市）、殖産銀行（山形市）、徳陽シティ銀行（仙台市）による三行合併構想である。

釜石信金は地域経済の不振に元理事長の放漫経営が重なり、一九九二年夏の日銀考査で大幅な債務超過が判明していた。処理が避けられないと考えた大蔵省は当初、地元の岩手銀行による「救済合併」を目指した。この前年に伊予銀行が東邦相互を、三和銀行が東洋信金をそれぞれ預金保険を使って救済合併していたからだが、岩手銀行は「株主に説明がつかない」と絶対拒否の構えを崩さない。そこで日銀の信用機構局が密《ひそ》かに岩手銀行と接触し、救済合併に代わる案を提示する。それが「営業譲渡方式」だった。

東邦相互の処理では、初めて預金保険が発動され、東洋信金では三和銀行を中心に複数の金融機関に店舗や資産を移す「分割譲渡方式」が採用されたが、いずれも法的には「合併」だった。債務超過で破綻したにもかかわらず、出資者の責任を一〇〇％問うことはできなかった。だが、営業譲渡なら損失の穴埋めに資本を充てることができ、モラルハザード（経営倫理の荒廃）の防止に役立つ。資産と負債をそっくり移せるため、金融機能も維持できる。米国で主流となっていたP＆A（資産・負債承継）に近い破綻処理方式だった。

営業譲渡以外にも、処理スキームでは新たな手法が取られた。一つは、譲り受ける資産に瑕疵《かし》がないかどうかを買い手に直接精査させる「デューデリジェンス」が初めて実施されたこと。そして、釜石信金の不良債権の受け皿となる債権回収会社が設立されたことである。このスキームはその後の破綻処理で広く応用されることになる。

日銀の担当者は「同じ処理を繰り返すのではなく、少しずつでもいいから、進化させなければならないと思っていた」と振り返る。営業譲渡方式に基づく釜石信金の破綻処理は、一九九三年五月二十四日に発表された。ただ、全国信用金庫連合会が「出資者の損失を全額補塡したい」と言い出したため、出資者責任は将来の課題として先送りされることになった。

片や、東北三県の銀行を「広域合併」させようという構想は、一年前から大蔵省内で練られていた。担当者が残したメモによると、最初は北日本銀行と殖産銀行が仙台銀行に三行合併を持ちかけたが断られ、銀行局に相談に出向く。すると担当の審議官が「じゃあ徳陽シティ銀行ではどうですか」と水を向け、一九九二年の夏に話が動き出した。徳陽シティは過剰な不動産融資で不良債権を抱え、赤字決算を続けていた。だが、銀行局は徳陽にまだ株の含みがあるとして、広域合併による生き残りを画策したのである。

銀行局は徳陽シティを口説く傍ら、北日本、殖産と極秘の会合を重ねていく。一九九三年二月二十五日、三行の頭取が初顔合わせし、合併への機運が高まった。だが、北日本の頭取が次第に慎重になり、七月には「株主や職員の同意取り付けに自信が持てない」、八月には「問題債権の処理を済ませてからにすべきだ」、九月には「救済合併なら株主を説得できる」と条件を付けていく。銀行局側は「救済合併が預金保険の発動を意味するなら、それは無理だ」とはねつけ、その後も「基盤強化のために広域合併が不可欠」と三行を説得し続けた。

結局、翌九四年の一月に話はまとまり、四月に史上初の広域合併が発表された。「平成銀行」の名称も決まったが、北日本銀行の従業員組合や顧客団体がこのあと猛反対し、わずか二カ月で計画は御破算となった。徳陽シティはこの三年後に経営破綻し、金融システムを危機に立たせることになる。

兵銀再建に大蔵の「切り札」

釜石信金の処理策が固まった一九九三年五月、「現下の金融システム問題への対応について」と題するA４判六枚綴《つづ》りのペーパーが、日銀の役員集会に報告された。執筆したのは信用機構課長の白川方明である。金融不安の芽がじわじわと膨らむ中、場当たり的ではない、より抜本的な対処方針が必要になると白川は考え、数カ月かけて書き上げた。

ペーパーでは、大手二一行の不良債権総額が「三〇兆円から五〇兆円」あり、うち三〇％が損失になる可能性があるという驚くべき予測値がグラフで示されていた。単純計算すると、都銀、長信銀、信託銀行だけで九兆円から一五兆円もの損失である。

その上で、現状を放置した場合、金融機関の流動性不安、信用仲介機能の低下、マクロ経済の回復・拡大への制約、海外からの不信感の増大など数々の問題を招くとして、今後の解決策として次の三つの方向性が示された。

方向性１　民間ベースでのリストラ・自己資本調達の努力
方向性２　預金保険の資金援助、公的資本の注入

方向性３　受け皿金融機関の設立

この当時、公的資金の導入が政治的に可能であるとは白川自身も思っていなかった。あえて「方向性」と書いたのも、その困難さを感じていたからだった。それでも、銀行への公的資本注入や破綻処理のための受け皿金融機関の必要性を指摘したこの「白川ペーパー」は、その後の問題解決のテキストになっていく。

特に、受け皿金融機関については、すぐにでも具体化できるよう次のようなプランが記されていた。①受け皿銀行は普通銀行として設立②設立段階では、政府、地方公共団体、日銀、民間金融機関が普通株の形で出資（時間的制約がある場合、とりあえず日銀、民間金融機関出資でスタート）③預金保険の資金援助を受けて問題先から営業の全部譲渡を受け、営業を継続しつつ、本格的なリストラを実行。その後、徐々に民間銀行に営業譲渡——。

報告を聞いた三重野は「早く大蔵省に説明し、理解してもらって下さい」と指示した。このとき銀行局には全くと言っていいほど相手にされなかったが、この構想は後に東京共同銀行として実現し、兵庫銀行の処理にも活用されることになる。

その兵銀の新社長に、元銀行局長で日銀理事の吉田正輝《よしだまさてる》が内定したのも一九九三年の春だった。銀行の経営再建に銀行局長経験者が送り込まれた例はなく、大きな話題を呼んだ。

吉田は当初、銀行局からの打診に反発したが、最後にこう言われ、渋々納得した。

「リストラ計画は既にできあがっている。不良債権についても関連会社の八〇〇億円を残すのみ」「二年あれば大丈夫。検査部も大丈夫だと言っている」（金融当局の内部文書より）

だが、このお墨付きを全否定した人物がいる。総裁の三重野である。

社長就任の挨拶《あいさつ》に行った吉田に、三重野は囁くようにこう助言した。

「大変ですよ、これは。とにかく早く収束すべし。預金保険を使って、早く」

吉田は耳を疑った。日銀総裁の口から「預金保険」の四文字が出てきたのである。

別室にいた信用機構局長らから日銀考査の結果を聞き、吉田は言葉を失った。

〈実質自己資本は関連ノンバンク向け融資を含めるとマイナス四五〇〇億円――〉

吉田はすぐさま寺村に抗議した。「おい、検査が間違っている。話が全然違うぞ」

これを受けて、銀行局は日銀との共同検査に乗り出さざるを得なくなった。

記録的な冷夏となった八月。大蔵省と日銀による異例の共同検査は、夏休み返上で行われ、九月八日、兵庫銀行の実質債務超過額を「二〇〇〇億円から多ければ三〇〇〇億円」と弾き出す。吉田が危惧《きぐ》していた通りの結果だった。

社長就任が報じられて以来、兵銀の株価は反騰し、資金繰りも安定しつつあった。まさにこれからという時期に判明した衝撃の事実に吉田は愕然《がくぜん》となり、一枚のメモを銀行局に提出する。
「放置すれば、本体の破綻を防ぐために関連ノンバンクに追い貸しせざるを得なくなる。このままではギブアップ」
古巣の銀行局に対し、吉田は懸命に「SOS」を発し続けたのである。
こうした中、吉田に危機を告げた三重野は、信用機構局に処理策の検討を指示していた。ごく少人数による対応会議は、それから一ヵ月ほどかけて関連ノンバンクの金利減免を強化する案と、もう一つ、次のような抜本処理策を練り上げる。
――新銀行を設立し、兵庫銀行から営業譲渡を行う
――新銀行には関係銀行のほか本行も出資し、預金保険の資金援助を発動する
――関連ノンバンク一八社のうち一二社を直ちに清算する
まさに、半年前の「白川ペーパー」に盛り込まれた日銀出資の受け皿銀行そのものだった。中央銀行が自ら出資することで、金融システム安定に向けた決意を示すことができ、住友銀行など関係金融機関からの出資を引き出す呼び水にもなる。昭和金融恐慌の際、破綻の受け皿として民間出資の「昭和銀行」が作られた歴史を踏まえ、「平成銀行」のコードネームがつけられた。
銀行局側の記録によると、日銀が平成銀行構想を提案したのは十月九日だった。

白川に代わって信用機構課長に就任した小林英三《こばやしえいぞう》が、大蔵省中小金融課長の坂篤郎《さかあつお》にペーパーを示し、金利減免よりも抜本処理にウエートを置きながら二つの案を説明した。

だが、坂は「じゃあ、本当に潰せるのかい」と言い、兵庫銀行クラスの破綻処理が実務的に難しいことを示唆《しさ》する。さらにこう畳みかけた。

「いつまでも地価が下がり続けるなんて、そんなことが現実に起こるのか。日銀は心配性だから、気持ちは分からんでもないが、あれも上がらない、これも上がらないと言っていたら、経済は無茶苦茶になってしまう。適当なところで上がるもんだ、こういうものは」

坂は金利減免案を強く推し、抜本処理案は遠のいていく。

十一月二十六日、金曜日。寺村は日銀理事の小島邦夫と再び向かい合った。

「住専について、処理をいたずらに先送りしているとの批判があるが、当局としては患部を固定し、体力の回復を待っているのであって、膿《うみ》をためているとは思っていない。兵銀の関連会社の処理についても、同様の対応をすることもやむを得ないと思っています」

寺村はこう言った上で、本題に入った。

「兵銀の自力再建は無理と認識しています。何らかの外部支援が必要です」

そして局内での検討内容を紹介し、こう提案した。

寺村「日銀案にしても、当方の案にしても、株価の状況が悪く、景気の先行き不透明感が増している現時点で取るべき方策ではない。兵銀がそんなに悪ければ、他も同じように悪いのではないかということになり、金融システム不安の再燃につながりかねない」
小島「その懸念はよく分かる。問題は兵銀がいつまでもつかです」
寺村「そこで、大技については大蔵・日銀で早く詰めておき、状況によってその大技を発動するという対応を取る必要があると思う」（寺村・小島会談メモより抜粋）

寺村が示した発動のタイミングは、①一九九三年度中に株価が再暴落し、兵銀が九四年三月期決算を組めなくなったとき②決算を乗り切った後、株や土地の含み益がなくなり、新たな償却が必要になったとき③短期金利が反転上昇し、兵銀の業務純益が確保できなくなったとき――の三つ。その上で「できるだけ早急に大仕掛けの案を詰め、いつでも発動できるようにしておく必要があるのではないか」と再度迫った。

小島は「同感だ」と答え、この時点で平成銀行構想は金庫の中に仕舞い込まれることになる。またしても寺村の「完勝」だった。

住専処理、白川ペーパーに続き、またも銀行局の壁にはね返された日銀サイドは深い無力感と徒労感に襲われた。初代の信用機構局長を務めた本間忠世《ほんまただよ》は、後に日銀を退職する際、部下の一人にこう話している。

「確かに大蔵省に提案はした。だけど、はね返されたあとも三重野さんにしつこく話をし、再度交渉して動かすべきだった。それをしなかった責任は自分にある」

兵銀問題を追うように、東京でも小さな信用組合の経営危機が表面化した。東京協和信用組合と安全信用組合。監督官庁である東京都の検査結果が日銀に伝えられたのは、平成銀行構想が封じられた十一月下旬。出てきた数値に担当者たちは慄然《りつぜん》とする。

不良債権比率が東京協和信組六七・二％、安全信組八八・八％。実質自己資本は東京協和がマイナス一四〇億円、安全はマイナス二七七億円。いつ破綻してもおかしくなかった。東京協和の理事長は、「太平洋のリゾート王」と呼ばれた高橋治則《たかはしはるのり》。東京協和は安全とともに高橋のリゾート開発会社の「機関銀行」となり、高金利で預金をかき集めていた。

日銀は兵庫銀行の処理案とは異なる、もう一つの受け皿銀行方式を考案する。二信組だけでなく、今後予想される多くの信組の破綻に備え、日銀出資による全国統一の受け皿銀行を平成銀行とは別に設立しようというアイデアだった。

年が明けて一九九四年（平成六年）二月。細川護熙《ほそかわもりひろ》首相の「国民福祉税」構想が世の批判に晒《さら》されていたころ、二信組の処理案は日銀の役員集会で了承され、銀行局に提案される。

銀行局はしかし、処理の必要性を認めつつも、国会開会中であることを理由に早期の受け皿銀行設立にまたも難色を示した。結局、通常国会が閉じる六月まで事態は動かず、寺村は東北三行合併の破談を見届け、七月に銀行局を去った。

寺村行政をめぐっては、部下からも「時間を稼いで先送りしているとしか見えなかった」と批判が出たが、寺村は「いくら考えてみても、講じた施策に誤りがあったとは思えないし、またその前提となった問題認識に誤りがあったとも思えない」と反論する。住専の覚書をめぐり国会やマスコミの集中砲火を浴びるのは、この一年半後のことである。

鬼平に挑んだ「岩田理論」

一九九四年二月の衆院予算委員会で、金融政策をめぐって三重野康に論戦を挑んだ与党議員がいる。一年前の衆院選で初当選したばかりの山本幸三《やまもとこうぞう》である。

宮澤蔵相の秘書官を務めたこともある大蔵省出身の山本は、細川政権を支える立場だったにもかかわらず、「鬼平」のバブル退治で経済が痛めつけられた、と三重野にかみついた。

「日銀はハイパワードマネー（現金と準備預金）を急速に落とし、その結果マネーサプライを落としてきた。表向きは金融緩和と言いながら、実際は全く緩和していない。これが今回の不況を厳しいものに、また大きなものにしてしまった」

強烈な引き締めの結果、マネーサプライの伸びは一九九〇年秋から急低下し、九二年秋にはマイナスに落ち込んだ。日銀も九一年七月には金融緩和に転じ、このときまでに公定歩合を七回、計四・二五％引き下げたが、「平成不況」への不安と不満が広がっていたのだ。

この間、地価や株価の下落は「鬼平」のせいだとして、三重野の自宅には脅迫の電話や手紙が絶えず、汚物や刃物が送りつけられたり、「自宅を爆破する」との予告が隣家に入ったりしたこともあった、と三重野は口述記録で打ち明けている。

アカデミズムの世界でも日銀批判が出始めていた。上智大学教授の岩田規久男《いわたきくお》は金利を重視する伝統的な金融政策を批判し、日銀から民間金融機関に供給する資金（ハイパワードマネー）の量を増やせば、金融機関から市中に回るお金（マネーサプライ）も増えると主張。これに日銀金融研究所の翁 邦雄《おきなくにお》が「ハイパワードマネーを日銀がコントロールすることはできない」と反論する激しい論争が巻き起こっていた。

山本幸三の主張はこの「岩田理論」に沿ったものだった。三重野は淡々とこう返した。

「ハイパワードマネーというものは、これは釈迦《しゃか》に説法ですが、日銀のコントロールできないものだと思っております」（一九九四年二月十八日衆院予算委員会）

バブル崩壊後の国会で、いわゆる「量的緩和」の是非が論じられたのはこれが初めてである。山本はさらにこの四ヵ月後、予算委員会の公聴会に岩田規久男を参考人として呼び、こんなやり取りをしている。

岩田「マネーサプライを軽視し、名目金利に固執しすぎていることが（中略）うまくいっていない原因ではないかと判断しております」

山本「日銀が日銀信用を増やすなり、あるいは買いオペをするなりしてマネーサプライを増やすべきだ」（一九九四年六月三日衆院予算委員会）

山本の主張は、日銀が金融市場での公開市場操作（オペレーション）で手形や国債の買い入れを増やし、量の拡大を図るべきだというものだが、日銀はこの考え方を「異端」扱いし、まともには取り合わなかった。だが、連携プレーとも見える山本と岩田のやり取りが、この十数年後に量的緩和を求めるうねりとなっていくことをこの時点で予想した者はいない。

強力な引き締めを解除した後の日銀の金融緩和が不十分だったという指摘は、このあと国内外で強まっていった。

山本や岩田にとどまらず、米連邦準備制度理事会（ＦＲＢ）も、詳細な日本研究を経て二〇〇二年に「一九九〇年代初頭の金融緩和は（中略）不適切であった。もし日銀が九一年から九五年前半のどこかで、短期金利をさらに二％引き下げていれば、デフレーションは確かに防ぐことができた」とする報告書をまとめ、公表した。

この報告書はその後、バブルかどうかを早期に認定するのは困難だとして、予防的な引き締めでこれを防ぐよりも、バブルが潰れた後に大胆な金融緩和で対処する方が効果的だとする「FEDビュー」と呼ばれる独特の政策思想につながっていく。三重野のバブル退治をいわば全面否定する考え方だ。

当の三重野は、一九九一年の金融緩和への転換について「気持ちからすると非常に早く下げた。いい時に下げた」と口述記録で話している。しかし、公定歩合が過去最低の二・五％に並んだ九三年二月の利下げはタイミングが遅れたことを率直に認め、「調査統計局が判断を間違えた。これだけ空振りしたのは珍しい」と打ち明けた。

さらにその次の第七次利下げについても今度は三重野自身が躊躇《ちゅうちょ》し、「政策スタッフがイライラした」と告白した上で、次のように話している。

「やっぱり二％以下に下げるというのは、セントラルバンカーとしては非常に嫌な気がする。マネーが悪さをするんで。（中略）本能的に二％は切りたくないな、という感じがあった」

それほどまでにバブル時代を悔やみ、かつ再燃のリスクを警戒していたとも言えるが、結果的にはこのころの逡巡《しゅんじゅん》が、後に日銀バッシングの芽を膨らませていくことになる。

公定歩合が史上最低の一・七五％となった九三年九月の時点で、三重野は「もうなかなか下げられない」と思っていた。「ところが、（その後）ゼロ金利まで下げちゃったんですから。本当にこのときは分からなかった」と口述記録の中で振り返っている。

破綻処理、ついに始動

一九九四年夏、寺村信行からバトンを受け継いだのは、二期後輩の西村吉正《にしむらよしまさ》だった。何事にも緻密《ちみつ》で慎重な寺村とは対照的に、西村には柔和な風貌《ふうぼう》に似合わぬ豪胆な一面があり、「打って出る」のを好んだ。就任後間もなく、西村は不良債権処理に果断に取り組むと幹部クラスに伝え、「必要なら破綻処理もためらうことはない」と宣言した。トップが代わったことで、銀行局の空気は一変する。

西村は当初、大阪の木津《きづ》信用組合から処理を始めようと考えたが、きっかけがつかめず、やむなく日本信託銀行の経営問題に着手する。日本信託は過剰な不動産融資で経営が傾き、関係の深い三菱銀行に支援を仰いでいた。

三菱銀行の意向を踏まえ、銀行課は当初、日本信託を破綻処理し、損失を預金保険で穴埋めした上で、三菱銀行が引き取るという案をまとめる。だが、西村は納得しなかった。

「三菱は救世主ではなく、『責任ある立場』です。これまでの経緯を考えたら、三菱の方が『私が責任を持って処理します』と言うべき立場じゃないか。日本信託を助けてくれと、こちらからお願いする筋合いのものじゃない」

大銀行には、その地位と名声にふさわしい責任があり、またそれを果たし得る能力もあるという西村の考え方は、この先の信組処理や住専問題まで貫かれることになる。

九月八日。西村はホテルオークラで三菱銀行頭取の若井恒雄と直接会談した。

「預金保険の助けがなければ処理できないような人がやるなら分かるが、そうでない場合に預金保険を発動することは、かえって問題を複雑化させる。部外者がいろいろと口を挟み、混乱させる要因にもなる。三菱の体力を考えた場合、これは預金保険を発動すべき問題ではないと考えます」

経営体力を理由に自力での処理を促した西村の発言には、全く別のメッセージが込められていた。実は三菱銀行は当時、東京銀行と合併に向けた極秘折衝を進めていたのである。その最中《さなか》に預金保険を使って日本信託を引き受けると、三菱は信託業務にも参入できることになる。「三菱は得をした」とライバル行に羨望の眼差《まなざ》しを向けられ、合併が円滑に実現できなくなるかもしれない——。これが西村の送ったサインだった。

「周りから、うまいことやったと思われないようにしておく方がいいと思いますよ」

念を押すような西村の一言に、若井は合点し、黙諾した。

この会談を機に事態は急展開し、十月十二日、三菱銀行は日本信託による約二〇〇〇億円の第三者割当増資を引き受け、同行を子会社にすると発表した。銀行局の後ろ楯《だて》を得て、三菱銀行と東京銀行との合併が発表されるほぼ五カ月前の出来事である。

西村が若井と向き合った直後、東京協和、安全両信組に対し、東京都が経営改善指導に乗り出したとする記事が日本経済新聞に掲載された。

新聞報道を受けて、二つの信組からじわじわと預金が流出し始める。西村は「平成銀行構想」を試す時がついに来た、と確信した。

西村は中小金融課に検討を指示し、上がってきた平成銀行構想にいくつか注文を付けた。一つは「救済色」を完全に取り除くこと。もう一つは、平成銀行への出資と低利融資を金融界から「広く、薄く集める」ことである。

平成銀行については、日銀と民間が五〇％ずつ出資し、民間出資については当初、破綻金融機関とつながりのある「関係金融機関」から募るとなっていた。しかし、西村はすべての金融機関に参加を求めるオールジャパン方式を提唱する。「関係金融機関」の線引きが難しいことに加えて、この方式を踏み台に預金保険の財源を強化するための「特別保険料制度」を導入しようと考えたのである。

この当時、預金保険から受け皿金融機関に対する資金援助は、仮にペイオフを実施した場合の保険金支払い総額を上限としていた。このため、これを上回る損失が破綻金融機関に発生した場合、奉加帳《ほうがちょう》を回す以外に損失を穴埋めする方法がなかった。西村はこれを保険料の臨時付加方式によって賄おうと考えたのである。西村自身、後にこう話している。

「二信組だけでなく、今後もいくつか破綻処理しなければならない。そうであれば（奉加帳方式ではなく）特別保険料を制度化していく必要があると思っていた」

西村が東京協和、安全両信組の問題を蔵相の武村正義《たけむらまさよし》に説明したのは、十月五日の朝である。自民党を飛び出して新党さきがけを立ち上げた武村は、自民党、社会党との三党連立による村山富市《むらやまとみいち》内閣で、蔵相の座を射止めていた。

二信組の経営内容を聞かされた武村は、ためらうことなく答えた。

「潰してしまえ、そんなもん。そんな悪いやつがおるんやったら、受け皿なんか作らんで、潰してしまったらええ。潰しっぱなしでええやないか、そんなもん」

西村は、潰しっぱなしにすると預金が全額戻らなくなり、不安が全国に広がると説明した。武村は「なるほど。潰しっぱなしという形は軽々しく取れんちゅうことやな」と納得し、その後の対応を西村に一任する。

武村とは対照的に、処理に難色を示したのが監督官庁の東京都だった。信用組合に対する監督権限は都道府県知事に機関委任されていたが、処理を持ちかけても「どうやればいいのか分からず、具体的な方法もないので、しばらく様子を見たい」と渋り続けていた。

事態が膠着したまま十一月半ばを迎え、ついに西村は都副知事との直談判《じかだんぱん》に乗り出す。ここでも都側は翌年春の都知事選挙を理由に難色を示したが、西村はここで初めて「平成銀行構想」の一端を披露し、決断を迫った。

「もし、あなた方がその気になるのでしたら、我々も清水《きよみず》の舞台から飛び下りるつもりで方法を考えます。ですから、あなた方も決断して下さい」

西村の誘い水を受けて、東京都も腹を括《くく》った。東京協和信組の高橋治則理事長が都の信用組合課に呼び出され、「身柄を預けてほしい」と打診されたのも、この日だったという。

十二月一日。西村は武村に最終決断を仰ぐ。「これしかない」という説明を武村は了解し、その後、首相の村山富市に報告した。このあと西村は再び東京都の副知事と会い、処理スキームの詳細を伝えた上で、Xデーを十二月九日、金曜日にセットした。

十二月六日夕刻。西村と日銀理事の小島邦夫は赤坂の日銀氷川《ひかわ》寮に住友、富士、日本長期信用銀行の三頭取を呼ぶ。住友は全国銀行協会連合会の会長行、富士は都の指定金融機関、長銀は東京協和信組と親密な関係にあった。西村はここで、「オールジャパン方式」での協力を求めた。後に「東京共同銀行」と命名される受け皿銀行の資本金四〇〇億円は、日銀と一五二の民間金融機関が折半出資し、二信組の不良債権は新設の債権回収機関に売却され、一次損失を預金保険からの資金贈与と民間の収益支援で穴埋めするスキームだった。

三人の頭取は、あまりにも大掛かりな計画に驚いたが、特に反対はしなかった。破綻処理に向けた歴史的な準備会合は三〇分余りで終了し、すべてがセットされた。

運命の十二月九日、金曜日。当局者たちの高揚感はピークに達していた。

早朝の日銀政策委員会で出資が認められたのを聞いた三代目信用機構課長の田邉昌徳《たなべまさのり》は小さなガッツポーズで喜びを表し、職員の間で歓声と拍手が沸き起こった。一九九三年に初代課長の白川方明が提案した日銀出資構想が、ついに陽《ひ》の目を見たのだ。一九六五年（昭和四十年）の山一証券向け特融以来、ほぼ三〇年ぶりの日銀法二五条の発動である。

処理策の発表後も二信組の店頭に混乱はなく、市場にも動揺は見られない。マスコミの論調もおおむね好意的だった。東京共同銀行は当初、他の信用組合が破綻した際の受け皿にもなる計画で、これにより金融システムの安定化は大きく前進する、と西村らは手応えを感じていた。

ところが、事態はここから思わぬ方向へと転がっていく。

処理策の発表から一週間も経《た》たないころ、大蔵省のある幹部が自治大臣の野中広務《のなかひろむ》に呼ばれ、こんな話を聞かされた。

「あの東京協和の高橋とかいう理事長がどんなやつか、お前ら知っとるんか」

野中は独自の情報網を駆使し、高橋が複数の政治家とつながっていること、さらに大蔵官僚に対しても過剰な接待を行っていることを摑《つか》んでいた。さらに、蔵相の武村についても今回の二信組処理に「政治的配慮」があったのではないかとにらんでいた。

十二月十三日。閣議後の閣僚懇談会で、ついに二信組処理への批判が噴き出す。異論を唱えたのは、野中と通産大臣の橋本龍太郎だった。野中は「都民の血税や日銀の支援を受ける場合は厳重な調査を行うべきだ」と、事実関係の徹底究明を要求。橋本も閣議後の記者会見で批判し、年明けの月例経済報告閣僚会議ではこんなことまで言った。

「大蔵省にも処理策を疑問視する声が散見される。それなのに、そういう決定ができたのは、どこからか大きな力が働いたのではないか」

このあと暮れにかけて二信組処理には裏があるとの怪文書が大量に流布し始め、マスコミも高利に群がった大口預金者を保護するのはおかしいと論陣を張り始める。達成感に包まれた一時の熱気は冷め、金融当局は不気味に静まり返ったまま年を越した。

一九九五年（平成七年）。一月二十日召集の通常国会は、三日前に起きた阪神《はんしん》・淡路《あわじ》大震災への対応と並び、二信組問題が最大の争点となった。処理策に疑念を抱いていた野中が、予算委員会で「今度の処理は異常であったと考えておるわけでございます。（中略）非常に疑問に思うものでございます」と答弁し、野党は俄然《がぜん》勢いづく。

さらに追い詰められた武村も「私自身、最初は預金保険でやるべきだ、こんな問題の多い経営をしている信用組合を救うなんてことはむしろ社会的には許されないという判断を直観的にはしました」と明らかにし、処理に対する不透明さと不信感が高まっていった。

二信組処理をめぐる疑惑はその後、大蔵省の中枢を直撃するスキャンダルに発展していく。野中が警告した通り、東京協和信組の高橋治則らによる接待疑惑が報じられた末に、その高橋本人が予算委員会で、主計局幹部への過剰接待を告白したのである。武村は直ちにこの幹部を更迭したが、接待をめぐる大蔵官僚批判はこの後も止《や》むことはなく、三年後の一九九八年、東京地検特捜部にメスを入れられることになる。

いくつもの「黒い噂」は、徐々に処理スキームそのものを揺さぶり始めた。二信組とも純然たる破綻処理だったが、高利に群がった大口預金者までが保護されたことで世間に「救済」と受け取られ、東京都の資金支援が凍結されるなどスキームそのものが瓦解《がかい》寸前に追い込まれていった。

際どい綱渡りを経て、東京共同銀行がひっそりと開業したのは三月二十日である。港区虎《とら》の門《もん》の本店界隈《かいわい》は、朝から地下鉄サリン事件で騒然とした雰囲気に包まれていた。

国会ではその後も「なぜ二信組をペイオフしないのか」という生々しい議論が繰り返され

た。その結果、預金者の「防衛本能」が刺激され、危ないと噂された他の金融機関から預金が抜け始める。東京のコスモ信用組合では三月から大口定期の中途解約が殺到し、大阪の木津信用組合も同じころ大阪府に「身柄を預けたい」と伝えてきた。

だが、この時期、最大の危機を迎えていたのが、兵庫銀行だった。

懸命の再建努力にもかかわらず、兵銀の財務はますます悪化し、自力再建不能なところまで追い込まれていた。そこに阪神・淡路大震災が直撃し、本支店の約四割が被災。さらに「危ない銀行」の噂が重なり、資金繰り危機が再来したのである。社長の吉田正輝は連日のように西村に電話をかけ、「早く抜本的な対応策を取ってくれ」と訴え続けた。

その吉田に待望の処理案が示されたのは三月十五日。銀行局審議官の長《なが》野《の》厖士《あつし》が用意したのは、やはり新銀行の設立構想だった。メモには①兵庫銀行は新銀行に営業の全部譲渡を行った上で解散する②関連ノンバンク二〇社について関係者の理解を得るよう努めつつ法的整理を行う③新銀行は地域の健全な中枢地銀として再生し、震災復興等の社会的使命を達成する④新銀行の設立にあたり地元自治体、経済界、関係金融機関、個人等が広く新銀行に対する出資を行う――などと書かれていた。

吉田にも異存はなく、直ちにノンバンク二〇社の清算に向けた準備に取りかかる。四月十五日には局長の西村から直に説明を受け、十七日には顧問弁護士から清算の準備が整ったとの連絡が入った。兵銀処理の「Xデー」が刻々と近づいていた。

ところが、わずか一週間で事態が急変する。四月二十五日深夜。西村から吉田に突然電話がかかってきたのである。

「吉田さん、申し訳ないが、現在の状況下で、あの案を実施することはできません」

吉田は仰天し、「なぜだ」と問い質《ただ》した。が、西村は「時期が悪い」と言うばかりで多くを語ろうとしない。吉田は血が逆流した。

「銀行局長が業務停止命令を出すのは俺も知ってるが、業務継続命令を出す局長というのは初めてだ。前代未聞だぞ」

西村は押し黙ったままだった。吉田は怒鳴り続けたが、結局、埒《らち》は明かなかった。

突然の「中止」に至ったのは、二信組問題と大蔵官僚への批判が噴き出す中で、銀行局長OBがトップを務める兵銀の処理に同じスキームを使うのは困難だと判断したからである。折しも、自民党執行部は、大蔵事務次官の斎藤《さいとう》次郎《じろう》に対し、非自民の細川連立政権に「加担」していたとして早期辞任を迫っていた。強行突破は難しい状況だったのだ。

五月十一日。焦った吉田は、銀行局や日銀首脳に宛てて筆を取った。

〈このまま放置すれば最悪の事態となることも十分予想されます。（中略）抜本的な対策の実施（新計画の発表）につきましては（中略）実施時期が遅れる場合もあろうかと存じます。

しかし、実施までの間に立ちはだかる問題も多く、万一それらすべてをクリアできたとしても、九月後半の中間決算内定時が限界と考えます〉（吉田氏提出メモより抜粋）

吉田は「九月後半」を新たなデッドラインとし、辞任をちらつかせながら西村に決断を迫った。西村は五月十八日、次の文書を手渡し、「九月処理」を約束する。

〈兵庫銀行については、我が国の金融システムの安定性を維持する観点からも、極めて重大な問題であり、今年度中間決算期（九月頃）を目途に、抜本的な対策がまとめられるよう全力を挙げて支援していきたいと存じますので、何とぞよろしくお願い申し上げます〉

一ヵ月後の六月八日、銀行局は「金融システムの機能回復について」と題する新指針を発表した。二十一世紀までの残された五年間、一〇〇〇万円超の預金を一律カットするペイオフを凍結し、この間に不良債権問題に解決のめどをつけるという当局の決意表明だった。全額預金保護のため預金保険からの資金援助を増額し、金融機関にはこの財源となる付加保険料を課す方針も固まった。破綻処理のためのカードが、ようやく一枚加わることになった。

公定歩合からの脱出計画

この一九九五年の春、二信組処理をめぐる国会論戦と並行して、日本経済は「超円高」の大波に襲われた。一月に一ドル＝一〇〇円を割り込んだ円ドル相場は、折からのマルク高・ドル安に引きずられ、三月六日に九五円を突破。その二日後に八九円まで急騰し、日銀が円高阻止の追加利下げに動くかどうかに注目が集まっていった。

公定歩合は当時、既に年一・七五％の史上最低水準まで引き下げられ、追加利下げの余地は限られていた。「公定歩合をこれ以上下げていいのかという率直な思いがあった」と、金融政策を担当する企画ラインの幹部は当時を振り返る。後に直面する「ゼロ金利の壁」をこのあたりから意識し始めていたのである。

企画ラインは、公定歩合だけに頼らない新たな金融政策のスタイルを模索し始める。公定歩合は日銀が民間金融機関に融資する際の基準金利であり、中央銀行としての政策スタンスを示す「強力なシグナル」でもある。長く円の金利体系を決める金融政策の柱と位置づけられてきたが、預金金利自由化が前の年の十月に完了し、公定歩合と市場金利は直接的には連動しなくなっていた。

そこで新たな手法のモデルにしたのが、米国のFRBである。FRBは公定歩合操作に加えて、短期金融市場の指標であるフェデラル・ファンド（FF）金利の誘導目標を公表することで金融政策の方針を内外に示している。日本でも日々の金融調節で誘導目標となっている無担保コール翌日物金利（以下「コールレート」）の水準変更を対外公表すれば、アナウンスメント効果が期待でき、公定歩合への圧力をかわしつつ、緩和効果を打ち出すことができる、と副総裁の福井俊彦らは考えた。

企画ラインは、公定歩合頼みの金融政策から脱出し、市場金利誘導型に切り替える絶好の機会と判断。三月半ばまでに「公定歩合の引き下げは見送り、コールレートの低め誘導とその対外公表によって一、二カ月間様子を見る」という戦略を固める。三重野の跡を襲った新総裁の松下康雄《まつしたやすお》に上がった事務局案に、公定歩合の選択肢は入っていなかった。

三月二十四日、日銀はこうした考えを大まかに大蔵省に伝えた。三十日には役員集会で「公定歩合の水準と整合的な範囲内で金融緩和の効果が最大限発揮されるように短期市場金利の低下を促す」という低め誘導の方針が固まり、翌朝の発表に向けて、すべてが整ったその夜、事態が急展開した。

ドイツ連邦銀行が公定歩合の引き下げを突如発表したのである。

大蔵省の大臣官房幹部は慌てて「ドイツが動いた以上、低め誘導では駄目だ」と企画局長の山口泰《やまぐちゆたか》に電話で公定歩合への切り替えを促すが、山口はもはや動こうとしない。新たな政策手法に強い自信を持っていたのだ。

一夜明けて三月三十一日の短期金融市場。日銀は大幅な資金余剰を放置し、コールレートは二・二%台からするすると急低下を始める。日銀は対外公表文を出し、企画局長が低め誘導の意図を説明する異例の記者会見まで行った。市場金利の誘導を公定歩合と並ぶ独立した政策手段と位置づける史上初の試みだった。

だが、市場もメディアもこの意図を十分に理解することができなかった。それどころか、この決定を公定歩合の変更に消極的な表れであると感じ取り、新年度入り後の株価は急落、円相場は八六円台半ばまで急騰した。

政府では日銀への非難が噴出し、経済企画庁長官の高村正彦《こうむらまさひこ》は「独自性を誇示するために適切な金融政策を犠牲にすることがあるとすれば、本末転倒。しっぽが犬を振るようなものだ」とまで批判した。蔵相の武村正義も公定歩合引き下げを露骨に催促する発言を繰り返し、日銀はみるみるうちに包囲されていった。

結局、緊急円高・経済対策がまとまった四月十四日、日銀は公定歩合を〇・七五%引き下げ、一・〇%とすることを決定する。この二日前の夜、大蔵事務次官と福井副総裁の会談が極秘に開かれた。公定歩合からの「脱出」を図った日銀の試みは失敗に終わり、「金融政策を為替に割り当てない」とするバブル時の教訓も生かされなかった。

それでも、この市場金利誘導スタイルはその後時間をかけて定着し、公定歩合は政策金利の中心をコールレートに譲った上で、二〇〇六年八月に「基準割引率および基準貸付利率」と名称変更された。ただ、スタイルがどう変わろうと、金融緩和を求める政治圧力だけはこの先も変わることなく強まっていく。

大和銀ＮＹ事件と住専処理の痛恨

再び猛暑となった一九九五年夏。東京のコスモ信用組合がついに資金繰りの危機を迎えた。密室処理と批判された二信組問題への反省から、銀行局長の西村は次は破綻処理のプロセスを国民に見せ、その正しさを理解させようと考える。そこで浮上したのが業務停止命令の発動だった。経営危機を世間に公表し、処理策への理解を促すという「賭《か》け」だった。

七月三十一日。「自主再建は困難」という新聞報道を受けて、コスモ信組の四つの支店で預金の取り付け騒ぎが起こる。この日だけで預金量の一四％が流出し、青島幸男《あおしまゆきお》東京都知事は夜になって業務停止命令を発動、コスモ信組は破綻した。日銀法二五条に基づく無担保、無制限の日銀特融が直ちに発動され、東京共同銀行が破綻処理の受け皿になった。

銀行局はこの時期、コスモ信組の次は大阪の木津信組を八月末に、そして兵庫銀行を九月下旬に順次処理しようと考えていた。だが、コスモ信組での取り付け発生を聞き、西村は兵庫と木津を同時処理しようと考えるようになる。「次はどこが破綻するのか」と不安が広がる中、同時処理で打ち止め感を出すべきだと考えたのである。

既に三月の時点で大阪府に「身柄を預けたい」と伝えていた木津信組の「Xデー」は、ひとえに資金繰りにかかっていたが、その日が八月末に訪れる。大口預金者が解約を求めてきたため、資金繰り破綻が不可避となったのだ。

八月三十日夕、大阪府は業務停止命令の発動を発表。木津信組には各店舗に預金者が殺到し、わずか一晩で一〇〇〇億円もの預金が流出する戦後最大級の取り付けに発展した。

銀行局からのゴーサインを受けて、兵庫銀行頭取の吉田正輝が神戸で自主再建断念を発表し、受け皿となる新銀行（みどり銀行）設立の計画が公表されたのも同じ夕刻だった。戦後初の本格的な銀行破綻だったが、蔵相の武村は「打ち止め宣言」を行い、胸を張ってみせた。「これ以上大きなところはもうない。一つの山を越えたという意味では、我が国の金融システムの安定に向かってしっかり歩んでいくことができると思う」

西村が仕掛けた兵庫銀行、木津信組の同時処理に、列島は衝撃に包まれた。

この同時処理の一カ月後、とんでもない事件が起きる。

大和銀行ニューヨーク支店の日本人行員が米国債の簿外取引で一一〇〇億円の損失を出していたなどとしてFBI（米連邦捜査局）に逮捕されたのである。

この行員が大和銀行頭取に告白文を送ったのは、コスモ信組が破綻する前の七月十七日だった。大和銀首脳部は八月八日に西村に概要を報告、実態を解明した上で「十月初旬」に公表することにした。しかし、肝心の米当局への報告が九月十八日と遅れたことから、大和が大蔵省と結託して隠蔽を図ったとの疑念を持たれる結果となった。

米議会では、不正を見抜けなかった米国の金融当局と「隠蔽に加担した大蔵省」に対する批判が強まり、国際金融市場では信用を失った邦銀に調達金利の上乗せを要求する「ジャパン・プレミアム」現象が起こった。そして十一月二日、米当局は大和銀行に対し、九〇日以内の米国からの全面撤退と巨額の罰金を命じる厳しい処分を下した。

計り知れないダメージを受けた大和銀行は、この直後、住友銀行の傘下に入る構想も浮上したが具体的な検討には至らず、結局、あさひ銀行（旧協和埼玉銀行）との経営統合によって生き残りの道を選択する。だが、経営統合の直後に再び危機に直面し、国の救済を仰ぐことになる。ニューヨーク巨額損失事件の八年後のことである。

この事件は、夏の同時破綻処理をバネに住専問題へと進もうとした大蔵省銀行局の威信と調整能力を著しく低下させた。蔵相の武村はニューヨーク事件発覚後の十月七日、七ヵ国蔵相・中央銀行総裁会議（G7）で住専問題の年内解決を約束していた。予期せぬ大蔵省バッシングの嵐の中で、西村は住専処理という最難関に向かわなければならなくなる。

住専処理案の骨格について、西村は当初、一次損失を母体行と農林系統金融機関が分担し、将来発生する二次損失については政府保証という「公的関与」を絡めるスキームを描いていた。一次損失に財政資金を直接投入する気は全くなかった。

公的資金なしに住専七社の一次損失六兆四〇〇〇億円をどう分担するのか。母体行は貸出残高に比例して分担すべきだと主張していたが、西村は独自の案を策定する。母体行は債権を全額放棄し、残る損失を一般融資金融機関と農林系統が三対二の割合で分担するという、「母体行責任」を重く見た案だった。これにより、母体行三兆五〇〇〇億円、一般行一兆七〇〇〇億円、農林系統一兆二〇〇〇億円という損失負担の原案が出来上がった。

ところが、農水省は農林系統の経営体力を考えると五三〇〇億円の負担が限界だと言って譲らない。問題の「覚書」も公表され、双方にらみ合いのまま時間だけが経過していく。

十二月十日、日曜日。港区の三田《みた》共用会議所に主要幹部が集まった対策会議で、対処方針を問われた西村はきっぱりと言った。「財政資金は、いりません」

その四日後、十二月十四日深夜。予算編成のタイムリミットが近づく中、事務次官の篠沢《しのざわ》恭助《きょうすけ》から西村は突然呼び出しを受ける。次官室に入ると、主計局長、官房長、総務審議官が顔をそろえていた。

官房長の涌井洋治《わくいようじ》が言った。「農水省が言ってくる数字は決定事項であり、覆《くつがえ》すことはできない。幹事長も了承済みです。従って不足分は税金を注ぎ込まざるを得ません」

涌井に宣告され、西村は目の前が真っ暗になった。農水省が主張していた五三〇〇億円の分担案を言い値通りに受け入れ、不足する六八五〇億円を財政支出で補うというのだ。

さらに涌井は、仮に税金投入する場合でも、それが農林系統のための支出であるといった説明をしてはならない、という農水省の条件も呑《の》むと言った。

西村は色をなして反論したが、涌井は「これは決定なんです。もう反論の余地はない」と突っぱねた。実は、西村案ではまとまらないと見た大臣官房が、自民党の意向も踏まえ「公的資金による解決」に舵《かじ》を切ったのだ。西村は土壇場で住専処理の主役の座から下ろされた。

涌井があえて自民党の指示を呑んだのは、このまま放置すると年内処理の国際公約が果たせなくなり、村山政権と金融当局に取り返しのつかない傷がつくと考えたからである。税金を使って処理しようと、逆に使わずに年内処理を断念しようと、どちらに転んでも大蔵省は批判される。それならば、一気に解決すべきだというのが首脳部の判断だった。

ただ、もう一つ別の思惑もあった、と大蔵省幹部は回想する。二信組処理や大和銀行事件を受けて、与党やマスコミの一部で大蔵省解体論が出始めていた。大蔵省から金融部門を切り離す「財金分離」論である。

「財政部門と金融部門はばらばらで、自分だけの論理で動いていることが批判されていると感じていた。だから、財政と金融が一体となって機能していることをアピールするため、公的資金が必要だった。ここで出さなければ、また批判されることになると思い込んでいた」

と、幹部の一人は証言する。

三時間近く続いた会議は、最後に事務次官の篠沢が「入れるしかないな」と締めくくって終わった。翌十二月十五日朝。篠沢と西村から処理方針を聞かされた武村は、「えっ、税金注《つ》ぎ込むのか」と声を上げたきり、しばし言葉が出なかったという。

住専処理策が閣議決定されてから数日後、前の銀行局長、寺村信行が西村を訪ね、公的資金投入の理由を質した。が、西村は「官房の総合判断です」としか答えない。仕方なく官房長の涌井に会い、「何兆円もいるというのなら分からんでもないが、六〇〇〇億円なんて、なぜそんな金を使うんだ」と抗議交じりに聞いた。涌井はこう切り返した。

「事態収拾のため、やむなく官房と主計局で引き取り、予算措置を講ぜざるを得なくなりました。銀行局が情勢判断を誤ったのです」

このあと武村は十二月二十九日、事務次官の篠沢の辞任を突如発表する。武村は当初、西村の更迭を求めたが、篠沢が「西村抜きで年明けの国会審議は乗り切れない」と拒み、代わって辞任を申し出た、と言われている。

第2章　金融危機、襲来

——拓銀・山一、連鎖破綻の衝撃

1996–1998

ビッグバンの打算と誤算

一九九六年（平成八年）の年が明け、社会党の村山富市首相が忽然《こつぜん》と辞任し、橋本龍太郎内閣が発足した。唐突に公的資金を入れた住専処理への批判が沸騰し、財政と金融の分離を求める「大蔵省解体論」が次第に勢いづいていく。その第一弾として、大蔵省の支配下にあると長年言われてきた日本銀行の独立性を強化する日銀法改正論議がここから始まった。「すべては大蔵省の影響力と権限を弱めたい首相官邸の意向だった」と同省幹部は回想する。

就任後初の国会で橋本は、住専処理策をめぐる野党の猛攻撃に遭《あ》い、住専と信用組合以外の破綻処理には「公的資金を入れるつもりはない」との答弁に追い込まれる。金融不安が徐々に広がる中、公的資金を一部に限定し、再び「封印」せざるを得なくなってしまった。

運悪く、そんな最中に浮上したのが、東京の第二地銀、太平洋銀行の経営危機である。旧経営陣の過剰な不動産融資とバブル崩壊で瀕死の状態となった太平洋銀行は、都銀四行と日銀の支援を受けて再建に取り組んでいた。しかし、前年夏の兵庫銀行破綻の影響で預金が流出し、処理をめぐる情報が三月末に漏れた結果、ギブアップに追い込まれた。

住専国会への波及を恐れた大蔵省は、今度は官主導でなく、あくまでも民間主体で処理策をまとめるよう水面下で圧力をかける。調整に走り回ったのは日銀で、信用機構課がさくら(旧太陽神戸三井)、富士、東海、三和の都銀四行を連日回って説得を続けた。公的資金が再び封印されたため、担当者は目先の危機を乗り越えるための弥縫策《びほうさく》を懸命に練ったのだ。

都銀四行のうち、とりわけ三和銀行の抵抗は激しく、「協議の最中にテーブルをひっくり返す場面もあった」(担当者)が、結局、太平洋に頭取を送り込んでいたさくら銀行が一〇〇%出資の「わかしお銀行」を設立。この受け皿に太平洋の営業を譲渡し、三和など残る三行が約一〇〇〇億円の劣後ローンを供与する「奉加帳方式」の処理案がまとまる。新銀行はこの年の六月に発足し、太平洋銀行は十月に解散した。

調整に当たった担当者は「四行には不満の残る案だったが、古い手法で処理できた最後の案件だったかもしれない」と話す。このとき、さくら銀行が渋々作った「わかしお銀行」は、意外な形でさくら自身を救うことになるが、それは七年後の話である。

また、この銀行の発足直後、住専処理法とともに、経営健全性確保法など金融三法が成立。破綻を未然防止するため、自己資本比率が一定基準を下回った金融機関に対し、業務改善命令などを発動する「早期是正措置」の導入が決まった。実施は一九九八年度からだが、自己資本比率の低下を恐れる銀行は総資産の圧縮に動き、これが後に貸し渋りを加速させることになる。

太平洋銀行が消滅して二週間ほど経った十一月十一日。第二次内閣を立ち上げた首相の橋本は、蔵相の三塚博《みつづかひろし》を呼び、「フリー、フェア、グローバル」を合言葉とする日本版ビッグバンの具体化を指示した。日本版ビッグバンとは、銀行・保険・証券の各業法だけでなく、外為法（外国為替及び外国貿易管理法）や会計制度まで一気に見直す金融制度の大改革で、英国の証券制度改革にならって命名された。

バブル崩壊で空洞化が懸念される東京市場の地位をニューヨークやロンドン並みに引き上げ、経済を活性化するのが狙いだが、首相指示を装いながら、実際は大蔵省が年初から検討を続けていた。立案メンバーの一人は、その狙いについて「年の半ばごろから、いかにして財政と金融の分離を阻止するかという識論に変質していった」と述懐する。大改革を控えて、大蔵省解体論議などやっている場合ではない、というサインが刻まれていたのである。

フリーとは市場原理が働く自由な市場、フェアとは透明で公正な市場、グローバルすなわち国際的で時代を先取りする市場。こんな三原則を掲げた日本版ビッグバンは、行政改革や財政構造改革と並ぶ橋本政権の旗印となっていく。

だが、不良債権処理を促進しながらビッグバンによる競争と淘汰《とうた》を一気に進めた場合、金融界や経済全体にどんな副作用が出るのか。時価会計や税効果会計の導入など会計制度の見直しが銀行経営にどう影響するのか、十分な内部討議が行われた形跡はない。

「血を見る危険もありますよ」と進言した側近もいたが、橋本は「いいんじゃないか」と返したという。三塚も後に「ビッグバンで銀行が大変になるという話はなかった。金融機関の生まれ変わりを期すという話で、個別銀行や不良債権がどうのということはなかった」と話す。銀行局内には慎重意見もあったが、次第に「ビッグバンでパイが大きくなれば収益力が増し、不良債権処理にもつながる」との楽観論に傾いていく。それどころか、ビッグバンとの整合性を考え、この際、不良債権処理に伴う金融淘汰をむしろ促進すべきだという積極論が、当局内に浸透していった。

ビッグバンの指示が出た翌々日、大蔵省銀行局の中小金融課に一本の電話が入る。

電話の主は、和歌山を拠点とする阪和銀行頭取の新居健《しんきょたけし》。監査法人と協議した結果、九月中間決算で不良債権を全額処理し、債務超過に陥るという衝撃の報告だった。

阪和銀行は預金量五〇〇〇億円余の第二地方銀行だが、バブル崩壊で深手を負い、一九九三年には副頭取が何者かに射殺されるなど、何かと問題の多い銀行と見られていた。それが債務超過決算に追い込まれたのは、銀行を担当する朝日監査法人が、それまでの監査方針を一変させ、不良債権の中間期での一括処理を経営側に強く求めたからである。

朝日監査法人はつい一週間前、中間決算の修正見通しを了承したばかりだった。それが一転、回収が見込めない「四分類」と呼ばれる不良債権を一括して引き当てるよう主張した。指摘に沿って処理すれば、赤字幅は三四〇億円に膨れ、債務超過に陥ってしまう。中小金融課への電話は、この「死刑宣告」を渋々受け入れた新居頭取の無念の連絡だった。

この監査法人の突然の方針転換には、大蔵省による検査結果が重くのしかかっていた、と当局者の一人は解説する。金融検査部はこの夏の検査で、阪和銀行の財務状態を「四分類債権を処理しただけで債務超過に陥る」と認定。十月に入ったある日、銀行局幹部は阪和銀行と朝日監査法人に検査結果の概要を伝え、こう指示した。

「四分類はきちんと処理して下さい。中間期で一括処理するか、来年三月期で処理するかはそちらの判断にお任せしますが、いずれにしても債務超過決算になります」

この通告を受けて阪和銀行と朝日監査法人で話し合った結果、中間決算での一括処理はとりあえず見送り、その代わり残った不良債権を「特記事項」として監査報告書に書き込む妥協案で折り合った。中間決算の修正見通しはこうして発表にこぎつけたものだった。

だが、この処理が正しいのか、監査法人側はなお疑問と不安を感じていた。不振銀行の決算を銀行局が指導・承認する「決算承認制度」はこの年の九月末で廃止され、監査法人が全責任を負わねばならなくなっていた。債務超過という検査結果を知りながら銀行の延命に手を貸した場合、監査法人自身が訴訟の対象となる恐れもあった。

朝日監査法人の方針変更について、銀行局幹部は「圧力をかけたことはない」と関与を否定する。ただ、「監査法人は土壇場になって恐れを感じたようだ」と話す関係者もおり、ビッグバン路線の下で「適正な決算」を促す当局の意向が、陰に陽に影響を及ぼしたと見る関係者は少なくない。

十一月二十一日、蔵相の三塚は、阪和銀行に戦後初の業務停止命令を発動し、こう言った。

「金融機関が破綻に至った場合は処理を先送りせず、速やかに対処することが我が国金融システムの早期の機能回復につながると考えております」

蔵相が自画自賛したように、阪和銀行の処理には、過去に例のない大胆な手法が採られ、ビッグバン時代をアピールする格好の機会となった。まず、資金繰り破綻ではなく、銀行局の認定によって破綻処理に踏み切った初のケースだったこと。第二に、「受け皿銀行」を用意せず、預金者保護に目的を絞った「清算銀行」を設立したことである。

平成に入ってからの金融破綻は、例外なく資金繰り破綻だった。経営難が囁かれ、預金が流出し、資金繰りに窮した経営者が事業継続を断念することで、初めて破綻処理に移行することができた。裏返せば、どんなに経営内容が悪くても、資金が回っている限り、銀行局は手が出せないと考えられていた。その常識を覆したのである。

また、金融機能を継承させず、銀行を整理・清算し、預金払い戻し専門の受け皿を作るというアイデアも、過去に例がなかった。破綻処理の受け皿になってくれる金融機関が地域に存在せず、東京共同銀行も信用組合にしか使えないという制約の下、日銀が考え出した「預金者保護のためのぎりぎりの案」（担当者）だった。

それまで破綻処理のたびに受け皿探しに苦労してきた銀行局にとって、清算銀行という最後の拠《よ》り所ができた意味は大きかった。新銀行は翌年春、「紀伊預金管理銀行」の名で発足する。公的資金が封印される中、この先の金融危機に備えたビッグバン型の枠組みが、これで整うはずだった。

果敢な処理はしかし、思わぬ「反乱」に直面する。まず動いたのは市場だった。

突然の業務停止命令を受けて、翌日、銀行株が軒並み急落した。同じ和歌山の紀陽銀行や大阪の福徳銀行などが年初来の安値、日本債券信用銀行がバブル崩壊後の最安値を更新。ユーロドル市場では、邦銀向けの上乗せ金利（ジャパン・プレミアム）が再び拡大し始める。護送船団行政との訣別《けつべつ》と新時代の到来を嗅《か》ぎとった市場は、「第二の阪和銀行探し」を始めたのだ。

そして第二の反乱が、阪和銀行の内部から起きる。八二〇人から成る従業員組合が一斉に抗議の声を上げ、ストライキを通告してきたのである。

金融機関が破綻した場合、事業が受け皿に譲渡されるまで、預金の払い戻し業務は破綻金融機関の従業員が担ってきた。もしストが決行されると、窓口業務は麻痺《まひ》し、預金の支払いが一部停止、すなわち預金保険法上の「保険事故」となる。その場合、最大一〇〇〇万円の預金（保険金）を払い戻す「ペイオフ」に自動的に移行する恐れが出てきた。

大蔵省は一九九五年にペイオフを五年間凍結する方針を表明し、そのための改正預金保険法がつい半年前に成立したばかりである。それなのに、ストによって物理的に預金の支払いが止まれば、否応《いやおう》なくペイオフに移行せざるを得ない。誰も気づかない落とし穴だった。

十二月十八日、従業員組合は組合員の八〇％以上の賛成でスト権を確立した後、土壇場でストを見送った。強行突入に対する地元の批判を恐れたためだが、スト権をちらつかせる組合の強硬姿勢に、大蔵省はその後も悩まされ続けた。銀行局幹部は「ストライキがあんなに怖いものだとは思わなかった。ペイオフが絶対にできないと見抜かれた時点で、行政に勝ち目はなかった」と、当時を振り返っている。

予想もしない反乱を受けて、銀行局で「やはり破綻処理には慎重に対応しなければならない」という消極論が再び強まっていく。ある当局者は「阪和銀行での躓《つまず》きが、その後の壮大な救済計画につながっていった面は否定できない」と話している。

「大臣保証」と奉加帳

一九九七年（平成九年）は穏やかな正月だった。が、平均株価は七日から四日連続で前年の最安値を更新し、一年二ヵ月ぶりに一万八〇〇〇円台を割り込んだ。とりわけ銀行株の下げはきつく、危ない銀行の噂が次々と流れ、低迷する相場の象徴となった。

とりわけ不安視されたのが、大手二〇行の一角を占める日本債券信用銀行だった。日債銀もまたバブル崩壊で不良債権が膨らみ、一九九二年に銀行局主導で関連ノンバンク向けの金利減免を実施、九三年には元国税庁長官の窪田《くぼた》弘《ひろし》を頭取に迎え、大蔵省の実質管理下にあった。

日本興業、日本長期信用、日本債券信用の長信銀三行が、有力な資金調達手段として発行している五年物利付き金融債の表面利率には既に格差がついていたが、阪和銀行ショックを受けて、興銀債と日債銀債の利回り格差は一時一・五五％にまで開いていた。

さらに一月二十七日、米格付け会社ムーディーズが日債銀などの格付け見通しを「ネガティブ（弱含み）」に変更した。預金集めのための店舗が少なく、機関投資家などプロ向けに金融債を売って資金を調達しなければならない長信銀にとって、「市場での不信任」は存亡の危機に直結する。日債銀は二月五日、まず最初の危機を迎えることになった。

この日朝から「日債銀が近く破綻するらしい」との噂が広がり、五年物日債銀債の流通利回りは一％以上も急上昇、株価も終値で二〇〇円を大きく割り込んだ。国会審議のあと事務方から報告を受けた蔵相の三塚は、「ここは、はっきりと言っておいた方がいい」と判断した。夕刻の定例記者会見で、三塚は一つの賭けに出る。

「日債銀はとやかく言われているが、全面的に支持していくことについて何ら変更はない。破綻するなどということは全くあり得ない。日銀と大蔵省がしっかりとこれを支えるわけですし、私も代表として取り組む」

大蔵大臣が、一民間金融機関の経営を保証するなど後にも先にも例がなく、官僚が用意した想定問答にもなかった。まさに「政治的発言」だった。

同様のメッセージは、海外向けにも必要となった。三塚は二月八日、ベルリンでの七カ国蔵相・中央銀行総裁会議（G7）に先立ち、ロバート・ルービン米財務長官と個別に会談した。金融システムの現状について質したルービンに対し、三塚ははっきりとこう答えた。

「心配しないで下さい。潰しませんから」

すると、隣に座っていたローレンス・サマーズ財務副長官が念を押すように聞いてきた。

「大臣、二〇番目もでしょうか」――。二〇番目とは、大手行グループ最後尾の日債銀や北海道拓殖銀行を指している。三塚は自信満々に返した。「心配しなさんな」

だが、異例の「保護発言」にもかかわらず、日債銀問題は一向に鎮静化しなかった。

このため二月十日の衆院予算委員会で三塚は再び強いメッセージを発する。

「二〇行のメジャーバンクをしっかり支えていくのは、大蔵大臣としてこれ当然のこと」

これまた想定問答にない発言だった。蔵相側近は「あっ、言った」と思ったという。銀行局長の山口公生《やまぐちきみお》が慌てて追加答弁に立ち、「内外の金融システムに大きな動揺が生じないように対処するというのが方針でございまして」と補足したが、あとの祭りだった。

もっとも、この時期、大手二〇行を保護するというのは、既に常識となっていた。一九九五年夏の同時破綻処理の際、蔵相の武村正義は「これ以上大きな破綻はない」と公言。銀行局審議官の中井省《なかいせい》も、大和銀行の巨額損失事件後に外国メディアやアナリスト向けの懇談会を開き、「メジャー21について迷惑をかけることはない」(当時は大手二一行だったが、三菱銀行が日本信託を子会社化したため二〇行になった)と発言し、海外に広く伝わっていた。

三塚ら当局者たちは、懸命に「大手行保護」の方針を発信し続けたが、この時点で公的資金の投入先は住専と信用組合向けに限定されていた。日銀の信用機構局長らが銀行向けにも必要だと何度か進言したが、銀行局幹部は頑として聞き入れなかった。ひたすら「これ以上の破綻はない」「公的資金は住専と信組だけで済む」と繰り返していたのである。

二月十九日、ムーディーズが日債銀など長信銀三行の長期格付けを「引き下げの方向で見直す」と発表した。理由は「金融債が公的に保護されるかどうか曖昧」というものだった。預金保険法では金融債は保護の対象として明記されておらず、長信銀も保険料を支払っていなかった。このため、長信銀が破綻した場合、金融債は一般の債権と同列に扱われ、損失率に応じて元本がカットされる可能性があった。銀行局幹部は「金融債の取り扱いこそが日債銀問題の核心だった」と後に打ち明けている。

日債銀の格付けは既に低く、さらに下がると金融債は「投資不適格」となる。資金繰りに赤信号が点灯するのは確実だった。ムーディーズの発表を受けて、実名入りの金融不安報道に火がつき、もはや大臣発言だけでは済まない「決断の時期」が迫りつつあった。

銀行局が密かに日債銀対策の検討を始めたのは、一九九七年の二月下旬ごろだった。検討の過程では、主として二つの選択肢が浮上した。一つは最終的に採用されることになる資本増強を活用した救済案、第二は法的再生を図る実質的な破綻処理案だった。

金融債問題などから日債銀を破綻させるわけにはいかないとの高度な判断に立ち、ここから逆算する形で必要な不良債権の償却額、リストラの規模、そして資本増強の額を弾き出すというのが第一案。銀行課と日銀の信用機構課の実務レベルで、早くから議論が進んでいた。

第二案は、「金融機関の更生手続の特例等に関する法律（更生特例法）」を初適用するという劇薬に近い案だった。更生特例法は、前年の通常国会で成立した金融機関専用の会社更生法で、蔵相が更生手続きの開始を申し立て、預金保険機構が預金者の代理となって更生手続きに加わるなど、既存の会社更生法よりも迅速な処理ができるとされていた。もちろん適用された例は一度もないが、第二案ではこの新法の適用によって生命保険会社三〇社から借り入れている劣後ローンを全額切り捨て、さらに株主責任も問うという内容になっていた。発行済み金融債の元本を一律五％ほどカットするアイデアも含まれていた。

この案は銀行局の一部の幹部が推したが、保険部が「中小生保がもたなくなる」と強硬に反対し、早々にお蔵入りとなった。ただ、この案を裏返すと、劣後ローンを踏み倒し、なお金融債の一部カットが必要になるほど、日債銀の財務が悪化していたことを意味している。

第二案の消滅によって残った第一案を銀行局が日銀に提示したのは三月十四日だった。この案では、民間出資の呼び水として、日銀が住専処理向けに拠出した基金から日債銀に「間接出資」する計画になっていたが、その額は六〇〇億円と書かれていた。「日債銀は資産超過」との前提に立っていたため、大規模な増資には踏み込めなかったのだ。

だが、これを見た信用機構局長の増渕《ますぶち》稔《みのる》は「これでは足りない」と直感し、「出す以上は目いっぱい出す」作戦に転じる。日銀からの対案には、「八〇〇億円」と書き込まれた。

思わぬ増額回答を受けて、銀行局の検討は一気に加速する。日債銀に対し、海外からの全

面撤退と関連ノンバンクの一括処理を求めることになった。

同時に、民間金融界に回す出資の「奉加帳」も積み増しされ、増資後の自己資本比率は、

国内基準を上回る六%が目標とされた。日債銀の株主である大手銀行と金融債を発行する他

の金融機関には優先株の引き受けを、生命保険会社には劣後ローンの株式への転換をそれぞ

れ求める案が固まった。日銀出資というカードを手にした銀行局は、救済に向け突き進んだ。

日債銀の救済案が示された三月十四日、重大情報がもう一つ銀行局から日銀にもたらされた。同じく市場に追い込まれていた北海道拓殖銀行が、北海道銀行と合併するという話である。「日債銀で忙殺されていたので、そんなことをやっていたのかとびっくりした」と日銀関係者は振り返る。「そんな話うまくいくのか」と首をかしげる者も少なくなかった。

都銀最下位の拓銀も巨額の不良債権処理に苦しんでいた。バブル期にのめり込んだ不動産関連融資がたたって、公表ベースだけでも不良債権額は九三六四億円。貸出残高に占める割合も一三%と大手行では突出していた。

阪和銀行の破綻を機に売り込まれた拓銀株は、年明けに一〇〇円台に下落。テレビや週刊

誌で「危ない銀行」として取り上げられ、単独での生き残りはもはや困難と見られていた。

対する北海道銀行も不良債権比率は六％と高かった。大蔵省ＯＢの藤田《ふじた》恒郎《つねお》頭取の下、海外業務からの撤退など厳しいリストラを続けていたが、危機の一歩手前をさまよっていた。両行の合併案は三月五日、拓銀側が道銀に持ちかけたのが始まりとされ、三月十五日のたった一度のトップ会談で固まった。道銀の頭取が大蔵省ＯＢだったこともあり、合併構想そのものが銀行局主導によるものと日銀はみていた。

もっとも、拓銀をめぐっては、これとは全く異なる再建案も練られていた。北海道経済を支えるという名目で政府が拓銀に資本注入し、経営責任を取らせた上で再生させるという剛胆な計画だった。考え出したのは日銀の増渕稔である。

この時点で銀行向けの公的資金は封印されていたが、増渕は地域経済の混乱回避に限った新規立法は可能ではないかと考え、水面下で幾度となく大蔵省への働きかけを続けた。しかし、銀行局は「それでは政治が通らない」と難色を示し、より現実的な合併構想に傾いていったという。この増渕案は、後にりそな銀行の救済に使われた手法とほぼ同じだった。

東京の桜が満開となり、消費税率が五％に引き上げられた四月一日。日債銀の救済計画と拓銀・道銀の合併が相整い、札幌と東京でそれぞれ披露された。札幌では河谷禎昌《かわたにさだまさ》、藤田両頭取が並んで合併を発表、河谷は「恋愛に例えれば恋愛結婚のようなもの」と胸を張った。

同じころ、霞が関の大蔵省には、生損保、銀行の役員約四〇人が呼ばれ、銀行局から日債銀救済への正式な参加要請を受ける。これを待って、頭取の窪田が経営再建策を発表した。

再建策は、海外からの全面撤退、関連ノンバンクの自己破産、全営業店舗の売却、人員・給与の削減、そして日銀からの間接出資を含む総額三〇〇〇億円の資本増強で構成されていた。銀行行政では過去に例のない大規模救済であり、銀行局がその実現に向け、なりふり構わぬ説得工作を行っていたのは紛れもない事実だ。その結果、当局者たちは後に厳しい批判に晒されるが、この当時、政界や金融界から批判めいた意見はほとんど出ていない

日債銀はその後、米バンカース・トラストとの業務・資本提携を発表、資金繰りも安定し、当面の危機を脱出する。空前の「ツー・ビッグ・ツー・フェイル（大銀行は潰さない）政策」の矛盾は、一九九八年暮れまで奇跡的に露呈しなかった。

担当審議官の中井は、「金融債にはいわゆるセーフティネット（安全網）がなく、日債銀がおかしくなると、地方機関や個人が保有する金融債が棄損し、マーケットが大混乱に陥る可能性があった。ああいう公的支援に近い形で処理せざるを得なかった」と後に語った。

ただ、日債銀救済の直後、中井がこんな言葉を漏らしたのを部下が記憶している。

「こんな奉加帳のようなことはもうできない。これが最後だ」

日債銀救済から三週間後、総資産二兆円を超える日産生命保険が事業継続を断念し、業務停止命令を受ける。かつて大量販売した高利回りの個人年金保険と、バブル崩壊後の金利低下がもたらす「逆ざや」に耐えられなくなったのだ。債務超過額は二九〇〇億円に達し、既契約分の予定利率引き下げや解約返戻金の削減が行われ、保険契約者に負担が及んだ。戦後初の生保破綻は、新たな金融不安の種を蒔《ま》き、同時にその後の大動乱の「予鈴」となった。

合併構想、次々と頓挫

それから三ヵ月。七月上旬の記録的猛暑が嘘《うそ》のように、涼しい夏が到来した。景気は消費税率引き上げと特別減税の打ち切りによって見る間に減速し、海外では七月にタイの通貨バーツが暴落、フィリピン、マレーシア、インドネシアを巻き込みながらアジア通貨危機が広がっていく。日債銀の奉加帳救済で押さえ込んだ金融不安の火種も、夏に入ると準大手証券の一角、三洋証券で再びくすぶり始めていた。

三洋証券はバブル崩壊で六期連続の赤字に陥り、しかも巨額の不良債権を抱える系列ノンバンクに債務保証をしていた。このため九四年からメーンバンクと野村証券グループ、生命保険からの支援を受けて再建に取り組んでいたが、これもいずれ行き詰まるであろうことは、証券界の半ば常識となっていた。

だが、このまま破綻すると市場の混乱は避けられない。銀行や生保を説得し、再建計画をまとめ上げた証券行政の責任も問われかねない。大蔵省証券局は「これが最後の護送船団行政」と割り切り、三洋証券をどこかに救済させようと早くから動き出していた。

まず目を付けたのが大株主である野村証券だった。業界リーダーである野村証券の「責任感」に証券局は期待したが、三月に起きた総会屋への利益供与事件の影響で東京地検特捜部が捜査に動き出し、公式にも非公式にも野村側と接触できなくなる。

このため証券局は、資本増強を核にした再建策をまとめ、メーンバンクの東京三菱銀行に協力を要請した。しかし、東京三菱もまた及び腰だった。独自の財務調査を通じて、並み大抵の資本増強では建て直せないと判断し、五月中旬にはこの提案を拒否する。

そんな中、東京三菱のライバルである三和銀行が証券業務の強化に意欲を持っているとの情報が証券業務課に飛び込んできた。バブル期に大きく躍進した三和銀行にとって、唯一の弱点が証券業務だった。グループ内に有力な証券会社がなく、このままではビッグバンに取り残されるとの不安から新たな手掛かりを探していた。証券業務課長の小手川大助《こてがわだいすけ》は「勉強会」と称し、三和銀行の企画担当者と頻繁に接触するようになる。

六月末、思わぬチャンスが訪れた。三洋証券と国際証券の両会長が旧制高校の先輩後輩の間柄であることを知った証券局幹部が、二人の会談を極秘裏にセットしたのである。

この席で三洋証券の会長は、「助けて下さい」と合併を申し入れ、国際証券会長も「改めてきちんと話を聞きましょう」と交渉に応じる意向を示したという。

話を聞いた証券業務課長の小手川は、相手が国際証券なら体力もあり、うまく三和銀行も巻き込むことができれば、野村、大和、日興、山一の四大証券に匹敵する巨大証券会社を生み出せるかもしれない、と想像を膨らませる。

会長同士の会談を受けて、証券局は国際証券社長の松谷嘉隆《まつたによしたか》に合併の検討を要請した。しかし、八月七日に返ってきた答えは「ノー」だった。松谷は大急ぎで三洋証券の資産内容を調べさせ、合併には経済合理性がないという結論をまとめていた。

このままでは三和銀行も離れてしまう――。諦めきれない小手川は、松谷が南蓼科《みなみたてしな》の別荘で休暇中と知り、単身乗り込み直談判に及ぶ。八月十五日のことである。

松谷と向き合った小手川は、証券界のため力を貸してほしいと率直に頼み込んだ。社内での調査結果を基に、松谷は簡単には首を縦に振らなかった。それでも小手川は引き下がらない。「合理性があれば受けて頂けるということですね」

小手川は三洋証券が抱える借金を金融機関に一部放棄させ、債務を新株に交換する「デット・エクイティ・スワップ」の活用や系列ノンバンクの法的処理によって合併の「経済合理性」を高めることができる、と新たな提案を試みる。

二人の緊迫したやり取りは、延々五時間近くにも及んだ。松谷が駄目だというたびに、小手川が押し返す。松谷は最後までOKとは言わなかったが、最後にこう言って折れた。

「それほどおっしゃるならもう一度、真剣に検討してみましょう。でも、条件があります」

松谷は負の遺産の解消や三和銀行以外の銀行もスキームに加わることなどいくつか条件を挙げ、最後に言った。

「もしこの話がマスコミに漏れたら御破算にする。よろしいでしょうか」

無論、小手川に異存はなかった。了解は得られなかったが、土俵の中央まで押し戻すことができた、と手応えを感じ、勇んで帰路についた。

九月中旬、証券局は再建案をまとめ、関係金融機関への根回しに動き出す。弾き出された再建費用は総額一〇〇〇億円を上回っていた。ノンバンクを整理し、増資を行い、国際証券との合併新会社にも資本注入するという「大手術」である。暖簾《のれん》代と称して国際証券に三〇〇億円、三和銀行に第三者割当増資で四〇〇億から五〇〇億円、大株主の野村証券にも一〇〇億円の負担がそれぞれ割り当てられた。

だが、このころから三洋証券の資金繰りは急速に悪化し、金融市場で資金の「出し手」から「取り手」へと変わっていく。証券局による説得工作はますます真剣味を増し、国際証券、三和銀行、東京三菱銀行と一社ずつ口説き落としていった。

九月二十三日、秋分の日。国際証券社長の松谷は役員会を招集し、再建スキームを初めて披露した。翌日にはメーンバンクで最後まで残っていた大和銀行も了承し、残るは野村証券だけになった。小手川は自信を深め、十月上旬に記者発表する段取りまで検討している。

すべてがセットされかかったとき、「事件」は起きた。

秘密工作が、九月二十六日付の産経新聞にすっぱ抜かれたのである。「三洋証券吸収合併」との大見出しの脇《わき》に「国際証券が営業資産買い取り」「将来、三和銀の子会社に」との小見出しが躍り、本文には「営業資産を全面譲渡する方向」と書かれていた。

「マスコミに漏れたら御破算」――。南蓼科で松谷が出した条件が小手川の頭をよぎる。大急ぎで連絡を取ると、松谷は困惑した様子で弱音を吐いた。「小手川さん、参りました」

小手川は「事実と違いますね。違うんだから否定しましょう」と言い、国際、三洋の両役員は記者会見で報道を全面否定した。

「三洋の再建問題について三洋側と話し合いもしていないし、資産譲渡についても接触は全くありません」「報道の件で関係先と話したことはありません。全くの事実無根です」

さらに運の悪いことに、この日、国際証券の部店長会議が開かれていた。「三和銀行の子会社」という見出しに、内部から反発の声が噴き出す。部店長の突き上げを受けた松谷は「絶対にあり得ません」と否定するしかなかった。

九月二十八日、松谷は小手川に「もう駄目です」と断念の意向を伝えた。

「まだ巻き返せる」――。そう思いながらも小手川は天を仰ぐ。ガラス細工のように組み立てられた合併構想は、一瞬にして瓦解した。

一方、証券局の隣に位置する銀行局もまた、悩みの縁《ふち》に立っていた。トップ同士が合意したにもかかわらず、北海道拓殖銀行と北海道銀行との合併交渉が一向に進まないのだ。拓銀は一貫して危機感に乏しく、対する道銀では行内で反対論が広がっていた。合併委員会は六月から不良債権の処理方針をめぐって激しく衝突し、五回目の会合で道銀側委員は「我々は辞職覚悟で合併に反対する」と啖呵《たんか》を切った。七月には委員会そのものがストップし、道銀頭取が拓銀頭取に「合併は御破算にして、条件が整うまで個別に合理化を進めましょう」と白紙撤回を通告するに至った。

連絡を受けた銀行局幹部は慌てて巻き返しに入り、「撤回」ではなく「延期」にとどめるよう懸命に説得。八月には蔵相の三塚と北海道知事がそれぞれ仲裁を試みたが、いったんこじれた交渉が正常に戻ることはなかった。

九月十二日。拓銀と道銀は合併の延期を正式に決定する。三塚は「新銀行としてのスタートという基本は変わっていない」と強調したが、メディアは「実質的な白紙撤回」と書き立てる。合併構想で急場をしのいだ拓銀は、わずか五カ月にして再び窮地に立たされた。

同じころ、銀行局の中小金融課は、新たな破綻処理の準備に入っていた。対象は大阪を拠点とする福徳銀行、なにわ銀行、幸福銀行とその実質傘下《さんか》にある京都共栄銀行。四行とも債務超過とは認定されていなかったが、この九月中間決算を乗り切れない恐れが強まっていた。

一年前の苦い経験から、阪和銀行方式はもう使えないと考えた中小金融課は、「債務超過には至っていないが、早晩行き詰まるグレーな銀行」を処理するためのウルトラCをひねり出す。「特定合併」と呼ばれる新たな方式だった。

当時の預金保険法では、預金保険機構から資金援助できる先を「救済金融機関」に限定していた。また、預金保険機構による不良債権の買い取りは「破綻金融機関」からしかできなかった。つまり、二つの「グレーな銀行」に預金保険法を適用しようとしても、どちらか片方しかきれいにできないという制度的限界があった。このため、預金保険法をこの秋の臨時国会で改正し、「救済金融機関」「破綻金融機関」といった区別をせずに、「特定合併」する二つの銀行からの不良債権買い取りを実現させようと考えたのである。

だが、予想もしない壁がここに立ちはだかる。自民党から「待った」がかかったのだ。

九月二十九日、銀行局長の山口公生と中小金融課長の石井道遠《いしいみちとお》が訪ねたのは、自民党の重鎮、梶山静六《かじやませいろく》の事務所だった。官房長官を離れたばかりの梶山は、険しい表情で言った。

「銀行は大丈夫です、あとは信組の対策をやれば大丈夫ですと言っていたじゃないか。それがどうだ。これは銀行救済法だろう。俺は絶対に認めないぞ」

官房長官として住専処理で苦労し、「これでヤマは越えた」と報告を受けていた梶山は、大蔵省への不信感を強めていた。九月三十日の党総務会で、梶山は「銀行の経営者を甘やかしていいのか」と法改正反対の演説をぶち、党議決定は持ち越しとなる。慌てた三塚が自ら足を運び、説得に当たる。梶山は十月七日の総務会でも承服しなかったが、最後は「武士の情けだ」と言い残して会議を途中退席し、改正案はぎりぎり了承された。

十月九日に法案は閣議決定され、これを待っていたように福徳銀行となにわ銀行が「改正法を視野に入れて、合併準備を進める」と発表した。十四日には、京都共栄銀行が事業の継続を断念して経営破綻し、幸福銀行への営業譲渡を決定した。

公的資金が封印される中、中小金融課が編み出した特定合併は、当初計画通り実行に移された。だが、この「奇策」も福徳・なにわが最初で最後の適用例となる。京都共栄銀行の営業を引き継いだ幸福銀行は一九九九年五月に破綻し、福徳・なにわの合併で誕生した「なみはや銀行」も同年八月に破綻した。結果的に、二年足らずの「時間稼ぎ」に過ぎなかった。

「悪魔のシナリオ」

国際証券との合併構想が瓦解した三洋証券の資金繰りは、十月に入ると悪化の一途を辿った。一連の報道を受けて市場や投資家が三洋証券の経営難を意識し、瞬く間に資金を引き揚げたからである。

十月三日、金曜日午後八時。日銀の営業局証券課から証券業務課に連絡が入った。

「東京三菱がどうしても週明けの資金供給に応じてくれない。このままじゃ六日中に三洋の資金がショートするかもしれない」

三洋証券は六日の月曜日、一〇〇億円近い資金決済を予定していた。もし資金調達できず決済不能となれば、証券市場だけでなく、金融システム全体がパニックに陥る恐れがあった。

証券業務課長の小手川大助は土日を返上してメーンバンクへの説得を試みたが、東京三菱は再建の見込みのない先への追加融資は株主代表訴訟を招く恐れがあると言って応じない。

十月六日。朝方から証券局長の長野厖士《あつし》が、東京三菱などメーンバンク三行に次々と電話を入れる。東京三菱銀行頭取の高垣佑《たかがきたすく》が丸の内の本店でエレベーターから降りてきた正午過ぎに長野からの電話がつながった。懸命の要請に高垣が応諾し、総額八三億円の資金が三洋証券に提供されたのは、決済時刻午後一時の一〇分前だった。もし長野からの電話が途中で切れたり、高垣の乗ったエレベーターが止まっていたりしたら、六日午後には市場が大混乱になっていただろう、と複数の当局者が口をそろえている。

ただ、この日に八三億円を取り入れた際、三洋証券はメーンバンクに「屑《くず》に近いものも含む、すべての担保」（証券局担当者）を差し入れた。この結果、三洋はここから無担保での資金調達に走らざるを得なくなる。

三洋の資金繰りがつながった六日夕方、小手川らは大蔵省二階の事務次官室に突然呼ばれ、事務次官の小村武《こむらたけし》から厳しい叱責を受けた。

「君たちは一体何をやっているんだ。こういう大事な時期に、業者行政と見紛《みまが》われるようなことは厳に慎むように」

小村が小手川らを叱責したのには理由がある。橋本行革の目玉である「財政と金融の分離」が再び蒸し返されたタイミングとぴったり重なったからだ。

首相の橋本が情熱を注いだ行政改革会議は九月三日に一府一二省庁への再編を柱とする中間報告をまとめ、財政と金融の分離については事実上見送ることでけりがついた。だが、自民党がここから巻き返し、郵政三事業を温存する「身代わり」として、財政・金融を完全分離しようという機運が盛り上がり始めていた。そんな最中に表面化した「大蔵主導の救済劇」は、組織防衛のとんだ邪魔者だったのである。証券局は身動きが取れなくなっていった。

一連の事態を見ていた長野は、静かに路線を切り換えた。

国際証券への説得を続ける小手川に期待しながらも、長野は「行政がどんなに頑張っても、当事者にその気のない合併は成就しない」と見抜いていた。局長自ら本格的に動き出したのは九月末以降。万が一に備え、破綻処理の研究を現場に指示したのである。

証券業務課の担当者が初めて東京地方裁判所に出向いたのは、資金繰り危機に直面する前の十月四日だった。最初は破産法を担当する民事二〇部、続いて会社更生法を担当する民事八部から、それぞれ適用の可能性について裁判所側の基本的な考えを聞いた。

と同時に、国際証券との合併構想も完全には諦めていなかった。意欲を失った社長の松谷嘉隆を引き戻すには、大株主の野村証券の後押しが必要だと考えた小手川らは、「逡巡する松谷社長の背中を押してほしい」「グループとしてバックアップしてほしい」と懸命に働きかけていた。だが、総会屋への利益供与事件が発覚し、大蔵省の行政処分を受けた野村は、もはやかつてのような義理人情の大証券ではなくなっていた。野村は全く動かない。

十月七日夜、長野は新社長の氏家純一《うじいえじゅんいち》と二時間ほど電話会談し、九日夜には都内のホテルで向かい合った。

「証券市場全体の利益を何とか考えて頂けませんか」

証券局長の直々の要請に、氏家の答えは冷淡だった。

「われわれとしては三洋証券が潰れても仕方がないと思っています。出資するくらいなら、同じ額を寄託証券補償基金に出します」

利益供与事件が起こる前までの野村は、良くも悪くも業界のリーダーとして振る舞い、時に経済合理性を欠く証券局の要請にも付き合ってきた。しかし、合理主義者である新社長の氏家は、出資による利益はなく、むしろ証券版の預金保険である寄託証券補償基金に拠出した方がましだと割り切っていた。証券局はこの時点で、小手川案を断念せざるを得なくなる。

小手川はこのあとも国際証券や三和銀行と接触を試みたが、社長の松谷が体調を崩し、再交渉のチャンスは訪れなかった。

秋晴れの十月十日、体育の日。長野は、審議官や課長、課長補佐ら一〇人を密かに招集する。メディアに察知されないよう霞が関の本省を避け、九段下《くだんした》の財務省会計センターに全員が普段着姿で集まった。三洋証券を法的整理するための「緊急合宿」は、初日は幹部クラス、二日目以降は実務レベルで十二日の日曜日まで続いた。

三洋証券が資金繰りに行き詰まった場合どうするか、法的処理は本当に可能なのか――。うまくいった場合、いかなかった場合の展開を「ロジックツリー」方式でホワイトボードに書き込みながら、濃密な検討作業が連日深夜まで行われた。国際証券との合併案もまだ選択肢として残ってはいたが、「九分九厘法的整理で行くという雰囲気だった」と担当者は話す。

法的整理にはこのとき、破産法と会社更生法の二つの道があった。だが、いずれを選んでも、裁判所から債権債務の確定に向けた資産保全命令が出されるため、投資家への預かり金の返済が一時的にストップする。債権者平等原則が徹底している倒産法制の下では、投資家だけを他の一般債権者から切り離して特別に保護することはできないと考えられていた。

また証券会社は、顧客の資産を自己資産と分別管理することが求められているが、現実には預かった資金を自社の資金繰りや運用に回す例が後を絶たなかった。このため、投資家の資産を保護し、支払い停止に伴う混乱を回避するには、債権者平等原則を守りつつ、資産保全命令に何らかの「風穴」を開ける細工が必要だった。

合宿の途中、長野がこんなことを漏らしたのを出席者は覚えている。

「何とかうまく切り離せないものかなあ」「できれば更生法がいいんだが」

長野は合宿二日目の十一日に三塚邸、翌十二日には首相公邸を訪ね、事態を報告した。

「私たちは今ダブルトラックでやっています。国際証券との合併の可能性もまだ残されていまます。しかし、最悪の場合は破綻処理となる可能性もあります」

橋本にとって、長野の報告は予想外だった。銀行の経営問題については大蔵省から「ここは目が離せません」といった大まかな報告を受けていたが、証券会社に関する報告は一度もなかったという。橋本は「それまで全然聞いていなかった話が急に出てきて、それはびっくりした」と振り返る。

しかし同時に橋本は、大蔵官僚たちの実務能力に信頼も寄せていた。突然の報告を受けても、橋本は驚いた素振りも見せず、こう答えた。

「そうか。きょうは聞かなかったことにしよう」

長野が三洋証券を「法的整理」するよう正式に指示したのは十月十七日だった。

証券業務課長の小手川は当初、証券会社に会社更生法の適用は難しいと見て、破産法を所管する民事二〇部を訪ねたが、更生法を担当する民事八部から「帰りに立ち寄ってほしい」と連絡が入る。担当の裁判長に説明を聞くと、必ずしも使えないわけでもなさそうだった。

検討を重ねるうちに、投資家保護と更生法を両立させる「風穴」も見つかった。証券版の預金保険である寄託証券補償基金に、顧客資産相当額を肩代わりさせ、資産保全命令の対象から外すという案である。

会社更生法が適用されれば、債権者平等の原則に従って顧客資産の一部カットは免れない。が、このカット部分を寄託証券補償基金が「肩代わり」すれば、他の債権者の権利が阻害されることなく、投資家保護を貫くことができるという判断だった。

裁判長は、基金の資金繰りに問題が出た場合どうするのかと詰めてきた。小手川に同席した日銀の証券課長に、なぜ特融が出せないのか、証券会社の破綻は本当に金融システムに影響しないのかと追及する。だが、日銀側は証券会社に特融は出せないと譲らず、結局、東京三菱などメーンバンク三行が基金の資金繰りに責任を持つことで環境が整った。

破産法に比べ、会社更生法であれば「再建」のイメージを打ち出すことができる。証券業務課は直ちに会社更生法に的を絞って準備を始めた。当事者である三洋証券も急遽《きゅうきょ》、倒産専門の弁護士を雇い、準備に入る。Xデーが刻一刻と近づいていた。

ところが、そんな証券局を遠目にながめる日銀の内部から、不安の声が漏れ始める。

「悪魔のシナリオ」――。いつごろからか、こんな言葉が囁かれるようになった。

東京三菱銀行、国際証券、野村証券と頼みの綱が次々と切れ、魅入られるように法的整理へと向かっていく。金融機関に更生法が適用された例はなく、どこで何が起こるか分からない。文字通り「悪魔に導かれたシナリオではないか」と一部の当局者は心配した。

とりわけ、法的整理に入った場合、三洋証券がインターバンク（銀行間）市場で調達している「コール資金」が焦げ付くのではないか、というのが最大の懸案だった。コールとは、金融機関同士が日々の資金繰りを融通し合う短期金融市場で行き来する資金のことだ。金融のプロたちは互いを信用し、無担保で巨額の貸し借りを毎日行っている。仮に倒産しても、コールだけは返済してから倒産するのが暗黙のルールと考えられていた。

万が一、支払い不能（デフォルト）になれば、市場は大混乱に陥るのではないか――。

不安を募らせる担当者の間で「悪魔のシナリオ」の噂が静かに広がっていく。だが、このころ金融市場を担当する営業局ラインに対し、「おかしな動きをしないように」という極秘の指示が下りていた、とある当局者は証言する。デフォルトの懸念を伝えた幹部に対し、副総裁の福井俊彦が「デフォルトを認めないなど、あり得ないことだ」と一喝した、と話す当局者もいる。営業局は「口先介入」などによるデフォルト防止を封じられていたのである。

実は、この年の六月、日銀の独立性と透明性を高める改正日銀法が成立し、翌年四月からの施行を待っていた。この重要な移行期に、「不透明な行政指導まがいの行為」は認められない、というのが福井らの考えだった。ある幹部は「我々はバンクであって、行政ではないという意見がとりわけ強かった」と振り返る。

大阪出身で「商人の子」を公言する福井は、中央の統制を嫌う自由主義経済の信奉者である。折しも日本版ビッグバンが進行中だったこともあり、新しいマーケット時代には自己責任原則を徹底させ、市場の判断に委《ゆだ》ねるべきだとの「正論」が日銀全体を覆っていた。

このため、後に大問題となる三洋証券のデフォルトについて、当局内で集中的な検討が行われることはなかった。当初心配していた営業局や信用機構局も、三洋証券なら少額のデフォルトで済み、混乱を封じ込めるのは難しくないとの楽観論に傾いていく。実際、大蔵省証券局のある幹部は、本当に大丈夫なのか日銀の担当者に念を押したが、「ビッグバンでは自己責任が当たり前なんじゃないですかと逆にやり込められた」と打ち明けた。

証券局長の長野は「コール市場は日銀の前庭のようなものなので、ちゃんとやるだろうと思っていた」と話す。首相の橋本は「結果としての報告だったように思う。こういう選択をすればデフォルトが起こりうるといった報告にはなっていなかった」と言い、総裁の松下康雄も退任後の口述記録で、事務方から事前の説明はなく、「判断を決めるような場に参加したことはなかった」と証言している。

十月三十一日夜、日銀証券課から「十一月四日の資金繰りがどうやってももたない」との連絡が入る。長野は直ちに決断した。「よし、三日にやろう」

都合よく十一月一日から三日まで三連休。最初の二日間で準備を整え、三日に申請・発表すれば、市場の混乱も防止できる、と幹部らは算段を立てた。「特別対策室」が、緊急合宿と同じ九段下の会計センターに設置される。誰一人経験したことのない金融機関の法的整理のレールがこうして敷かれた。

十一月三日、文化の日。東京は快晴だった。

三洋証券は午前中にメーンバンク三行に方針を伝えた上で、正午から開いた臨時取締役会で会社更生法の適用申請を決議。午後四時過ぎに担当弁護士が東京地裁に入った。民事八部の裁判長がメーンバンク三行に寄託証券補償基金への資金繰り支援を約束させ、これを受けて担当弁護士が申請書類を提出する。時計の針は午後五時を回っていた。

東京地裁の資産保全命令を受けて証券局は業務停止命令を発動し、この瞬間、総資産四五〇〇億円、従業員二七〇〇人を抱える準大手証券の「法的整理」が確定した。負債総額三七三六億円。上場証券会社では初の倒産だった。

三塚の緊急記者会見は、午後八時に始まった。

「関連ノンバンクの経営悪化という特殊事情によるものです。三洋証券は今後、会社更生法という透明性のある法的枠組みの中で会社再建を目指すことになります。投資家の皆様におかれましては、心配されることなく、冷静な行動を取られることを強く希望します」

特殊事情と透明性──。これが事務方の用意したキーワードだった。関連ノンバンクという特殊事情が破綻の原因であり、他の証券会社には波及しない。また、密室で決まる旧来型の破綻処理ではなく、法的手続きに従った透明な破綻処理に転換したと三塚はさかんにアピールする。隣には長野、その後ろには小手川が控えていた。

すかさず「ほかの証券会社の経営に問題はないのか」と記者から質問が飛ぶ。三塚は「全く聞いておりませんし、私自身、ないと認識を致しております」と答えた。情報を持たない三塚に、このあとに起こる大混乱を予想できるはずもなかった。

緊張気味の三塚と対照的に、長野は終始高揚していた。

「この仕組みが市場に正しく理解されれば、連想ゲームとか波及の心配はない。一般産業において行われている手法が証券会社にも使えるようになったという点で、選択肢が広がった意味は大きい」

延々一時間続いた記者会見で、長野は新たな処理方法が実現したことを殊更に強調した。証券局長の立場を越えて「会社更生法は銀行には使えないんじゃないか」とまでコメントした。前人未到の法的処理を実現したことで、ある種の達成感に浸っていた。

当時の担当者らは、この日の局長が上機嫌だったことをはっきりと記憶している。記者会見のあと、証券局に戻った長野は、部下の労をねぎらい「九段下の三日間は一生の思い出になるな」と笑顔を見せた。

明けて十一月四日。短期金融市場は驚くほど静かだった。長野は担当者の一人に「どうだ、うまくいっただろう」と嬉《うれ》しそうに軽口を叩いた。

だが、それは何も起きなかったからではない。史上初のデフォルトは既に起きていた。ただ、市場がその重大性にまだ気づいていなかったのである。

遡《さかのぼ》って十月三十一日の短期金融市場。三洋証券はぎりぎりの資金不足を補うため、一〇億円を無担保のコールで調達した。資金供給に応じたのは群馬中央信用金庫だった。さらに債券貸借（レポ）市場でも、三洋証券は都城《みやこのじょう》農協から無担保で八三億円を調達していた。

三洋証券と群馬中央信金との約定成立の瞬間を、日銀の営業局は見ていた。このままでは債務不履行に陥るが、口を差し挟むことは禁じられていた。幹部の一人は「もう何もできなかった。黙って見ているしかなかった」と話している。

三洋証券が土壇場で調達した資金は、会社更生法の手続き開始によって返済不能となる。当局者たちが恐れていた戦後初のデフォルトで、「悪魔のシナリオ」の幕が開いた。

拓銀、そして山一破綻

デフォルト発生の衝撃は、じわりじわりと広がっていく。

三洋証券倒産の翌十一月四日、日銀は短資会社にデフォルト発生を伝えたが、この日の銀行間市場は驚くほど平穏だった。だが、一日、二日と経つうちに噂が広がり、十一月第二週に入って市場の空気が一変する。資金ディーラーの誰もが信用リスクを恐れ、危ない先への資金放出がぱたりと止まった。日銀関係者は「ある時点までは横並びで出ていたが、突然、前触れもなく止まった。振り子が一気に逆方向に振れていくような感じだった」と語る。

萎縮《いしゅく》した金融市場の最初の犠牲者、それが北海道拓殖銀行だった。

北海道銀行との合併が延期されてから、拓銀の資金繰りはみるみる悪化していた。預金の解約が続き、東京の資金担当者は日銀を連日訪れ、資金繰りの相談をしなければならなくなっていた。株価も合併延期後に一〇〇円割れし、十月八日には八〇円を割り込んでいた。

銀行局が拓銀破綻に備え、北海道銀行に営業譲渡の「受け皿」を打診したのは、デフォルト発生のあとである。が、このころには拓銀の資金繰りはいつショートしてもおかしくないほど危機的で、「奇跡的に資金がつながった日が少なくとも二度あった」と担当者は話す。

そして運命の十一月十四日が訪れる。この日は日銀への準備預金の積み最終日だった。準備預金とは、民間銀行が預金量の一定割合を支払い準備として日銀に積み立てる制度で、金曜日の十四日は十月分準備預金の積み最終日に当たっていた。

これまで資金繰り難が原因で準備預金の積立不足となった例は一度もない。拓銀は朝から調達希望金利を切り上げ、懸命に資金繰りに動いたが、資金供給に応じる先が出てこない。

午後三時前、積み立てが必要な所要額に対し、一〇〇億円ほど不足することが確実な情勢となる。最終決済時刻を控え、拓銀は調達希望金利をさらに引き上げ、不足額を埋めるため動こうとしたが、日銀の担当者は「途方もない金利をつけて資金を取っても、週明け以降はもたない」と助言する。これに先立ち、信用機構局長の増渕稔も拓銀の企画担当役員に通告していた。

「もう限界だ。覚悟を固める時です。大蔵省に言いに行きなさい」

拓銀はすべてを断念し、午後五時、積み不足が確定する。信用機構課長の中曽《なかそ》宏《ひろし》が、意を決したように受話器を取った。「拓銀がアウトです。週明けの金繰りがもちません」

電話を受けたのは大蔵省銀行課長の内藤《ないとう》純一《じゅんいち》だった。資金繰り破綻という最悪の事態が、よりによって大手二〇行で発生したのである。三洋証券の倒産から一二日目の出来事だった。

日銀からの報《しら》せに、銀行局は騒然となる。北海道銀行に営業譲渡の可能性について打診はしていたが、破綻処理の準備はこの時点ではまだできていなかったのだ。

銀行局は直ちに対策チームを作り、十五、十六日の土日で準備することにした。受け皿を決めなければ預金保険が使えないため、まず拓銀の営業譲渡先を決めなければならない。それまでの経緯から北海道銀行しかないと考え、この夜上京した拓銀頭取の河谷禎昌に打診したが、「道銀が受け皿では行内が収まらない。北洋銀行でお願いしたい。日銀にもそう言われています」と河谷は言った。突然出てきた「北洋銀行」の名に、銀行局幹部は面食らった。

実は日銀は、二ヵ月も前から北洋銀行と接触を続けていた。合併交渉の展開から道銀を受け皿にするのは難しいだろうと読み、同じ北海道を拠点とする北洋銀行にこっそり手を回していたのだ。総裁の松下康雄の指示だったという。

十一月十六日午後、お濠端《ほりばた》のパレスホテルで拓銀の臨時取締役会が開かれ、北洋銀行への営業譲渡が決議される。同じころ、三塚は拓銀破綻を初めて聞かされ、得も言えぬ怒りが込み上げてきたのを覚えている。「銀行局からはいつも報道されているような状態ではないという報告ばかりだった。大変ですというのは、いつも前の日か直前だった」と後に明かした。

イラン戦に勝利し、ワールドカップサッカー本選への初出場を決めた余韻に国中が酔いしれた十一月十七日朝。札幌に戻った河谷は深々と頭を下げ、日銀総裁は無担保、無制限の特別融資（日銀特融）の発動を宣言する。北海道開拓のための国策銀行として一九〇〇年に発足した名門銀行は、創立一〇〇周年を目前に金融界から姿を消した。銀行局が守ってきた「ツー・ビッグ・ツー・フェイル（大銀行は潰さない）政策」も、あえなく崩れ去った。

それは拓銀の資金ショートが確定した十四日午後五時ごろのことである。

四大証券の一つ、山一証券が突然、証券局長の長野と日銀理事の本間忠世に面会を求めてきた。大蔵省には野澤正平《のざわしょうへい》社長、日銀には五月女正治《さおとめしょうじ》会長がそれぞれお忍びで訪れた。

長野の記憶によれば、野澤は緊張した様子で用意したメモを読み上げた。まずリストラ計画の内容を延々と説明し、リストラが必要になったのは約二六〇〇億円の「含み損」が見つかったためであり、外資系との提携の可能性も探っている、などと早口で報告した。

これに対し、山一証券の社内調査報告書によると、長野は「もっと早く来ると思っていました。（中略）お宅は三洋証券とは違いますのでバックアップしましょう」と話したという。

野澤が帰ったあと、長野は部下に「話が支離滅裂だった」と言い、再調査を指示して真っ直《す》ぐ帰宅した。担当審議官の山本晃《やまもとあきら》は、外出していた証券業務課長の小手川大助に電話し「裏があるかもしれないから、もう一度きちんと話を聞くように」と指示した。小手川らはこの時点で「含み損にもいろいろあり、よもや違法行為とは思わなかった」と話している。

だが、五月女会長の報告を受けた日銀の反応は全く違った。営業局の証券課長は、信用機構課長の中曽宏に対し、「山一がもう駄目だ。飛ばし先に大変なところが絡んでいる」と言い、日銀特融を頼み込んだ。中曽はつい小一時間前に拓銀破綻を銀行局に伝えたばかりである。次に山一証券が来るとは想像もしなかった。

実は、拓銀破綻が発表された十七日夜、金融システムを担当する米ＦＲＢ高官が都内で日銀理事の本間忠世らと面会している。緊迫する日本の金融情勢を調べるため来日したこの高官は、山一危機が迫っていることを本間に耳打ちされ、青ざめて帰国したという。ＦＲＢはその後、日本のバブル崩壊と金融危機を研究し、詳細な報告書を取りまとめることになる。

山一証券をめぐっては、以前から「飛ばし」と呼ばれる損失隠しの噂がしばしば流れていた。夏には野村証券などに続いて、山一でも総会屋への利益供与事件が表面化し、九月には前社長らが逮捕される。相次ぐ不祥事で信用が低下し、十月以降は資金繰りも苦しくなっていた。

長野自身、「飛ばし」の話は気になっていたという。報道が出たあと、これを否定する山一幹部の口ぶりから「きっと何かある」と感じてもいた。だが、捜査当局が動いていることもあり、静観を決め込んでいた。別の幹部は「経営規模が大きすぎて、中を見るのが怖かった」と打ち明けている。山一は、証券行政上の「パンドラの箱」だったのだ。

実際、山一証券は十月六日、メーンバンクの富士銀行に二六〇〇億円の含み損の存在を報告し、支援を要請している。だが、富士が明確な方針を示さないでいるうちに三洋証券が倒産、債券貸借市場でのデフォルトに農協が巻き込まれたため、貸し債を通じた農林系統金融機関からの山一向け信用供与が一斉に絞られた。さらに十一日、山一は富士銀行から融資の担保保全を行うと突然通告される。頼みの綱を失った末に、当局に駆け込んできたのである。

十一月十五日、証券局の担当者は山一側から詳細な説明を聞き、二六〇〇億円の「含み損」が後に簿外債務と呼ばれる「飛ばし」の損失であることを確認。さらに日銀との合同会議で、二十八日には確実に資金ショートすることが分かった。再建策を練るには時間がない。

長野は当初、日銀特融による「全面救済」を期待した。一九六五年（昭和四十年）のときと同様、無担保、無制限の融資が出せないかこっそり打診したが、理事の本間は「不正行為があるところに特融などできるはずがない」と、取り付く島もなかった。

三洋証券のような法的整理の可能性も考えてみたが、顧客の数が膨大で、違法行為があり、寄託証券補償基金による「肩代わり」も不可能なことから、会社更生法はとても使えないとのことだった。さらに山一は証券会社でありながら欧州で銀行業務を手掛けていることから、デフォルトの発生は絶対に回避しなければならない。問題点を整理していくうちに、証券取引法に基づく「自主廃業」しか方法はなくなっていった。

十一月十九日午前。長野は社長の野澤にこう通告する。「感情を交えずに淡々と言います。検討した結果、自主廃業を選択してもらいたい。金融機関としてこんな信用のない会社に免許を与えることはできない」。野澤は青ざめ、「局長、何とか助けて下さい」と訴えた、と社内調査報告書にあるが、同席した関係者は「そうした発言はなかった」と証言している。

無情の通告を終えた長野は、午後五時半から国会内の政府委員室で三塚に報告した。「飛ばしという法令違反があるので、裁判所は会社更生法は受け付けません。山一ほどの規模の会社を助けるには日銀が動くしかありませんが、不正行為がある以上、公的資金を用いるわけにもいかない。日銀も反対していますし、時間的に更生法でやる余裕もありません」

その夜、長野は対策会議のメンバーを局長室に集め、「きょう社長に自主廃業を決断するよう通告した。これから大変なことになる。でも、俺を信じてついてきてほしい」と言った。滅多に大仰《おおぎょう》なことを言わない局長の言葉に、出席者は震え上がる思いだったという。

山一証券株はこの日、四三円安と大暴落した。

十一月二十日朝、三塚は橋本に電話し、「きょう長野局長がそちらに伺います。重大な話ですので、聞いてやって下さい」と伝える。長野が官邸に向かったのは昼だった。

番記者に気づかれず執務室にもぐり込んだ長野は、現状について詳細に報告し、自主廃業しか方法がなくなったと伝えた。

橋本はとっさに「冗談じゃない」と思ったが、このときも顔色一つ変えず返した。

「自主廃業か。仕方ないな。とにかく混乱のないように」

そう言いながらも、暗澹《あんたん》たる思いが込み上げてきたことを、橋本は鮮明に覚えている。

実は、この首相報告の前、長野は大蔵省で山一の野澤や担当弁護士と二度目の面会をしていた。弁護士はこの朝、東京地裁に出向き、会社更生法の事前相談を要請したが、にべもなく断られていた。このため証券局長に自主廃業の方針変更を促そうと急遽訪れたのである。

山一の社内調査報告書によると、担当弁護士はこの場で会社更生法の道を開くため、大蔵省の全面支援と簿外債務の公表延期を求めた。長野は「重要事実のタイムリー・ディスクロージャー（適時開示義務）」を理由に拒否し、こう突き放す。

「きのう野澤社長と話したことが代議士周辺から漏れている。山一から漏れたとしか考えられない。二十四日にも大蔵省が発表するので準備して下さい。そうしないと山一の株を買った投資家から損害賠償訴訟を起こされますよ」

そして問題の発言が出た。「顧客資産の払い戻しについては、大蔵省主導で特別の金融措置を取るつもりです。これらのことは、内閣の判断です」

大蔵省の一局長が「内閣の判断」と口走ったことは、後に国会で大きな問題となった。面会に同席した山一の役員は「内閣の判断、とはっきり言った」と話したが、長野自身は後日、「金融危機を起こさないというのが内閣の判断だと言ったものだ」と釈明している。

もっとも、首相の決裁が下りたのは、この面会の後であり、少なくともこの時点では「勇み足」だった。同じことは「特別の金融措置」についても言えた。顧客の資産を混乱なく払い戻し、内外の既約定取引を決済するには、日銀による潤沢な流動性供給が欠かせないが、山一に特融を発動するかどうか、この面会の時点では、まだ白紙の状態だったのである。

長野が橋本への報告を終えたころ、山一向け特融をめぐる重要な幹部会合が日本橋《にほんばし》の日銀本店で開かれていた。信用機構、営業、企画各局の主要幹部が顔をそろえた。

会議を主宰した副総裁の福井俊彦は「証券会社が金融システムとどんな関係があるのか」と、営業局長を問い詰める。信用機構局長の増渕稔も特融は不要ではないかと主張した。

特融に関する権限は信用機構局にあるが、営業局証券課の要請にもかかわらず、特融発動には一貫して反対の論陣を張っていた。特融の条件は①決済システムを通じて危機が他に連鎖する「システミック・リスク」の恐れがある②他に資金の出し手がおらず、日銀の資金供与が必要不可欠である③モラルハザード防止のため、関係者の責任が明確にされている④日銀の財務の健全性にも配慮する――こととされている。しかし、証券会社に銀行のような決済機能はなく、三洋証券と同様、特融は不要との判断だった。信用機構課長だった中曽宏は、後に松下総裁の口述記録で聞き手を務めた際、当時を振り返ってこう話している。

「証券会社ということで、特融をやるべきだというような案は持っていけなかった。しかしそれは（総裁の）ご決断であるという仕立てのペーパーにしたのではないかと思う」

結局、初日の会議は「特融不要」が多数を占めたまま終わった。

会合の様子を聞いた長野は仰天した。もし特融が発動されなければ、自主廃業などできなくなる。資産保全の動きが一気に広がり、市場が大混乱に陥るのは必至だった。

長野は理事の本間に電話し、二時間以上やり合った。

「本当に出さないつもりですか。もし出さないのなら、それは松下総裁の判断である、と総理に報告します」「総理から直接電話が入るかもしれません。いいんですね」

脅しとも懇願とも取れる口調だった。

「日銀から直接山一に出せないというのなら、（メーンバンクの）富士、興銀、東京三菱の三行経由で出せばいいじゃないですか」

本間が日銀は動けないと返すと、長野は「では、私がやります」と三行への根回しを約束する。長野が電話している間、脇のソファに銀行局長の山口公生、隣の控室に財務官の榊《さかき》原英資《ばらえいすけ》が会談の様子を固唾《かたず》を呑んで見守っていた。

長野らが青くなったのには訳がある。二六〇〇億円余の含み損のうち、海外分が一〇六五億円あり、このほとんどに中国の外国為替専門銀行である「中国銀行」が関わっていたのだ。証券局幹部は後に「特融が出なかったら、アジアの主要な国が大混乱に陥っていただろう」と語った。営業局もこの中国銀行問題に触れながら会議で特融を訴えたという。

特融に対する日銀内の慎重論は、その実、山一のケースが初めてではない。この一ヵ月前、「特定合併構想」に絡んで京都共栄銀行が破綻した際も、特融を見送る案が日銀内で検討され、銀行局の猛反対に遭って覆されている。関係者によると、日銀法改正論議で強まった原則論を背景に、特融発動の条件についても厳格に考えるべきだとの意見が高まっていた。そんな中、証券会社への特融などもってのほか、という空気が上層部を支配していたのである。

十一月二十一日、金曜日。山一特融を出すべきか、総裁を交えた「御前会議」が始まった。前日と同様、副総裁の福井らが反対に回る。証券会社と金融システムはどう関係しているのか。規模が大きいという理由で証券会社に特融を出せば、歯止めが利かなくなる。もし損失が出た場合、一体どうするのか――。反対派の指摘には一つ一つ理があった。

営業局は、特融を出さなければ海外市場が大混乱に陥る、山一は一〇〇九億円の資産超過であり、特融が焦げ付くことは考えられないと応戦し、「万が一、損失が発生した時は証券局が責任を持つと言っている」とも補足した。信用機構局は山一が資産超過だとの判断に疑問を呈しながらも、最後は総裁の判断に委ねる姿勢を示した。総裁の松下が最悪のケースを想定し、「どのくらい（日銀が）かぶりますか」と尋ねたが、営業局側は「悪くても三〇〇億、おそらく一〇〇億でしょう」と答えたという。

御前会議は延々と続き、賛成、反対両論が最後まで拮抗《きっこう》していた。静かに議論を聞いていた松下が、緊迫した空気を和らげるように口を開いた。

「皆さんの意見はよく分かりました。しかし、危機を目の前にして実験はできません。私の責任で特融は出します」――。

総裁の決断で、すべてが決した。松下にはこの朝、三塚から懇願の電話が入っていた。

このあと作成された日銀の稟議書《りんぎしょ》には、特融発動の理由が次のように記された。

〈廃業および解散を円滑に行い得ない事態が生じた場合には、他の証券会社の顧客の不安心理の連鎖、市場取引の混乱等を通じ、わが国金融システムおよび海外金融市場の安定が脅かされる恐れが強い〉

〈（山一証券は）債務超過の状況にはないと考えられ（中略）資金の回収に懸念が生じるような事態はないものと考えられる〉

稟議書の添付資料には、山一グループの清算バランスについて四八〇億円の資産超過と明記されていた。松下は退任後の口述記録で「いろんな問題はあるけれども、誰かが悪者になって決着をつけなければ、今の事態はちょっと耐えられないという感じだったのではないか」と述懐している。

巨大証券の自主廃業に向けた臨戦態勢は、こうして二十一日夕刻までに整った。米ムーディーズ社が山一債を「投資不適格」に格下げしたのもちょうどこのころである。三連休明け二十五日に山一の資金繰りがショートするのは確実な情勢となった。

本間との電話会談を踏まえ、長野はこの夜、富士、日本興業、東京三菱三行の幹部に電話し、緊張を解きほぐすようにこう切り出した。

「三〇年ぶりに一緒にダンスを踊ろうと思いまして、電話しました」

一九六五年の第一次山一特融は三行経由で実施された。今回も同様の協調態勢がいったん組まれたが、日銀は主力の富士経由で特融を出すことにする。稟議書には、当面の融資枠を五兆三〇〇〇億円に設定し、富士銀行にはリスクが及ばないことが明記されている。

このあと深夜、長野は三塚の自宅に電話を入れ、二つの極秘情報を伝えた。

――明日の新聞に山一の自主廃業が出る。そこで簿外債務の存在を公表する

――実際の破綻処理は、簿外債務公表から二日後の二十三日に行う

十一月二十二日、土曜日。長野の言った通り、日本経済新聞が「山一証券、自主廃業へ」とすっぱ抜いた。が、午前八時から開かれた山一の取締役会は役員の猛反対で結論が出ない。長野は動じる様子もなく、午前十時から単独で記者会見を開き、「簿外債務」の存在を淡々と公表する。と同時に、「マーケットが無理な経営を咎《とが》める形で動くことは、ビッグバンをやりたいと思った人間として、望ましい方向だと思っております」とも言った。

二十三日、日曜日。証券局は再び九段下に対策室を設置し、自主廃業の準備を進める。国際金融局と銀行局は邦銀の海外での資金繰り対策を協議し、日銀では信用機構局が各国の中央銀行に状況を説明、営業局は富士銀行の担当者を呼び、内外への送金計画を細かく指示した。怒濤《どとう》のような山一破綻の報道に、山一の役員たちも抵抗する気力を失っていった。

二十四日午前六時。山一証券の臨時取締役会はわずか三〇分で自主廃業に向けた営業休止を決議する。歴史的な営業休止届は、大蔵省に溢れ返るマスコミを避けて、地下鉄霞ケ関駅の改札口で手渡され、この瞬間、負債総額六兆七〇〇〇億円、預かり資産二四兆円の巨大証券会社は瓦解した。

三塚の記者会見は午前十時半、野澤の会見は午前十一時に始まった。

記者団の熱気で蒸せ返る中、三塚は苦渋の表情で大臣談話を読み上げ、野澤は「私たちが悪いのであって、社員は悪くありませんから」と涙で謝罪した。

ビッグバンの旗振り役だった長野はこの夜、親しい部下に「これは結果責任だ。俺は辞める」と口にした。三塚は「阿鼻叫喚《あびきょうかん》のような騒ぎの中で物事が進んでいった。火の上で座禅を組まされているような気分だった」と回顧する。首相の橋本は「簿外債務があるなど我々に分かるはずがない。これは叱られるかもしれないが、（首相が）個別問題の中身をあまり聞いてはいけないと本当に思っていた」と話し、山一破綻が最大の誤算だったと後に打ち明けている。

一方、松下の決断を受けて日銀特融の残高は急激に膨らみ、十一月末には拓銀向けなども含めて三兆八二一五億円に達した。だが、この二年後に山一は自己破産を申請して大幅な債務超過に陥り、最終的に一一一一億円の特融が焦げ付く。日銀は二〇〇四年度決算でこの損失を処理、国庫納付金の減少という形で実質的な国民負担となった。

恐怖の11・26事件

北海道拓殖銀行から山一証券と続く破綻の連鎖に、国民の不安心理は極限に達した。針が落ちる微《かす》かな音にさえ過敏に反応する、そんな危機的な空気が列島を包み込んでいた。

山一破綻の翌十一月二十五日、曇天の和歌山で騒ぎが起きた。地元の有力地銀である紀陽銀行に、早朝から預金者が列をなしたのである。

紀陽銀行は前の週の金曜日に九月中間決算を発表し、通期で三〇〇億円の赤字に陥るという見通しを発表していた。思い切った不良債権処理によって、経営不安を払拭《ふっしょく》しようという狙いだったが、その後の三連休に妙な噂が流れ始める。

「紀陽さんが重大発表をするらしい」「どうも週明けに店を閉じるらしい」

根も葉もない話は、本店のある市中心部から南海電鉄沿いに北に広がり、休みのうちにATMで預金を引き出そうとする預金者の列ができた。「このままだと連休明けは大変なことになります」と大阪の近畿財務局に情報がもたらされ、当局に緊張が走る。

連休明けの二十五日。恐れていた行列が早朝からできていた。紀陽銀行の頭取は銀行課長の内藤に電話し、「現金の手当てが必要です」と危機を訴える。近畿財務局は現場に次々と指示を出した。「店の外に客を並ばせないように」「何時までかかってもいいから必ず払い戻すように」――。店内は預金者で溢れ返った。待たされている間に「早めに下ろした方がいい」と携帯電話で知人に伝える客もいて、騒ぎはさらに広がっていく。

紀陽銀行からの預金流出額は、この日だけで一〇〇〇億円を超えた。それでも現金が不足しなかったのは、紀州方面への現金供給を円滑に行うために日銀が銀行券を寄託した先が偶然にも紀陽銀行だったからである。日銀からの現金供給額は内部規程の上限いっぱいまで膨らみ、最後の払い戻しが終わったのは深夜十一時過ぎだった、と記録されている。

一夜明けて二十六日、列島は朝から冷たい雨に包まれた。西日本では時に雷を伴い、和歌山は瞬間最大風速三〇メートルを超える強風に見舞われた。

午前十時過ぎ、銀行局長の山口公生に日銀理事の本間忠世から至急の電話が入る。

「大変なことが起きています。全国で取り付けらしき行列ができているようです」

この日の早朝、宮城県の第二地銀、徳陽シティ銀行が経営破綻し、仙台銀行などに営業譲渡すると発表していた。拓銀と同じく巨額の不良債権を抱え、資金ショートを起こしたのだ。

十一月に入って四件目の金融破綻である。針が落ちる以上の「衝撃音」に、預金者の不安は爆発し、混乱は和歌山から列島全体へと広がった。

日銀には支店から報告が相次ぎ、銀行局には前日の紀陽銀行に続き、信託銀行や都銀の幹部から「大変なことになっている」「危機が迫っている」と悲鳴の電話が次々と入ってくる。騒ぎは和歌山を皮切りに、宇都宮、富山、さらに札幌、東京、名古屋、大阪、福岡で同時多発的に起きた。

日銀の調べでは、特にひどかったのは紀陽銀行と安田信託銀行、それに栃木の足利《あしかが》銀行だった。紀陽銀行では二日目も七〇〇億円の預金が抜け、大阪府内の支店にも波及した。足利では現金が不足し、東京三菱銀行に支援を仰いだ。東京駅に近い安田信託銀行本店は客で溢れ返り、札幌支店には午前だけで五〇〇人超、翌二十七日までに二〇〇〇人超が殺到した、と朝日新聞が後に報じている。店頭には日銀の職員が携帯電話を片手に張り付き、信用機構局長の増渕稔も自ら視察に出向いた。

銀行局は前日の紀陽銀行への対応をベースに各地に指示を出し続ける。行列のできた銀行では、押しかけた預金者を店内に入れ、ロビーがいっぱいになると応接室や休憩室にまで招き入れる。「預金は保護されます」と説得しても納得しない預金者がいたり、用意していた大量の整理券が不足したりする銀行もあった、と当局幹部は証言している。

日本長期信用銀行でも札幌と名古屋で金融債の解約を求める列ができ、一日で最多の四〇〇億円が流出した。日本債券信用銀行もこの日を境に資金繰り難に直面し、銀行局と日銀の担当者は決済時刻前の定期連絡が欠かせなくなる。日債銀から最初に資金を引き揚げたのは大蔵省資金運用部、次いで簡易保険や地方自治体だった、と当局者は後に明かした。

騒ぎの背景を調べたところ、地元のライバル銀行が行内向けに発した「警戒情報」が火元になっていたり、山一証券とつながりのある銀行が危ないと噂されたりしていた。こうした

「風説」は株式市場でさらにひどく、銀行株と証券株は総崩れとなり、噂を否定する記者会見や頭取コメントが次々と出された。また、近畿財務局長と日銀大阪支店長が大阪で、関東財務局長と営業局長は宇都宮に飛び、預金者に冷静な対応を求める記者会見まで行っている。

短期金融市場でも「噂のある銀行」への資金放出が絞り込まれ、コールレートがみるみる切り上がっていった。「この仕事をやってきて、本当に怖いと思ったのはこの日が初めてだった」と日銀担当者は振り返る。

銀行局長の山口に対し、本間は電話で「ここまで来ると、とにかく強い措置が必要です」と、遠回しに公的資金の検討を表明するよう促した。だが、山口はこの進言を公的資金とは受け止めず、蔵相と日銀総裁による緊急談話をまとめるよう局内に指示し、国会に向かう。

国会審議に出ていた三塚の下には、どの銀行に何人ぐらい並んでいると書かれたメモが刻々と入ってくる。「取り付け騒ぎか？」――。三塚は身震いしたのを覚えている。隣に座っていた山口も「並ばせないようにしろ」と懸命の指示を続けた。

銀行課と信用機構課は電話をほぼつなぎっぱなしにして共同談話の案文作りを急ぐ。国会に呼ばれていた総裁の松下も審議の合間を縫って銀行局長と協議した。こうして金融恐慌を食い止めるための緊急談話が午後六時、大蔵省と日銀で同時発表された。

「金融機関の預金その他の資金の払い戻しについては、これが滞ることのないよう、大蔵省、日本銀行としては、潤沢かつ躊躇なく資金を供給する考えであり、いたずらな風評に惑わされることなく、冷静な行動を取られるよう強く要望するものである」

その上で談話は、預金やコールを含むすべての銀行債務を保護すると宣言した。この異例の全債務保護宣言について、山口は「異常事態には異常な手段も必要になることを痛感した」と後に語り、「究極のカードを切った以上、もはや心配しても仕方ないと腹を括った」と回想する。徳陽シティの破綻処理と合わせ、一日に二度談話を出すことになった三塚も、「一字一句間違いのないよう話した」と緊迫した当時の記者会見を振り返っている。

同じころ、タイを発端とする通貨危機は台湾、香港、韓国へと伝播《でんぱ》し、各地で通貨と株価の暴落が続いていた。邦銀の信用低下で、ジャパン・プレミアム（邦銀向け上乗せ金利）は急拡大し、その後、富士銀行など一部でドル資金を調達できなくなる緊急事態も起きた。

国民の不安が頂点に達したこの十一月二十六日を、信用機構局長の増渕は「金融システム崩壊の危機」と表し、大蔵省幹部は「地獄の釜をのぞき込んだ」と首をすくめ述懐した。信用機構課長だった中曽は国際決済銀行（ＢＩＳ）に寄せた論文に「おそらくこの日が金融システム崩壊に最も近づいた日だったのだろう」と記している。

松下は口述記録で、あとから振り返れば「この時の日銀総裁は少しドジを踏んだという印象が残るかもしれない」と言いながらも、危機に臨んだ当時の心境を「誰がここにいようとこれはもうやらざるを得ないことだと、私はそう思い込んでいた」と語っている。

その後、取り付けらしき騒ぎは沖縄と関西でくすぶり続けたものの、ゆっくり潮が引くように鎮まっていく。金融恐慌の淵《ふち》を眼下に、日本は何とか踏みとどまった。

決断！　公的資金

金融危機が極限に達する中、公的資金導入に道を開いたのは、宮澤喜一だった。

七十八歳の宮澤は拓銀破綻後の十一月二十日に首相官邸を訪ね、公的資金投入に向けた私案を橋本龍太郎に手渡していた。預金保険機構の財源対策として、政府保証付き債券を大蔵省の資金運用部に引き受けさせることなどが柱で、「宮澤私案」と呼ばれた。一般会計から直ちに財政支出するわけではないが、その後の公的資金のベースになるアイデアだった。

渡された橋本はしかし、財政構造改革に取り組んでいたこともあり、ひたすら沈黙を保つ。住専処理策で厳しい批判を浴び、一九九六年に成立した金融三法で公的資金の投入先を住専と信用組合だけに限定した経緯もあって、政府として身動きが取れなかったのだ。このため、自民党執行部は山一破綻後の二十五日、「緊急金融システム安定化対策本部」を立ち上げ、公的資金の先駆者とも言える宮澤を本部長に担ぎ出し、再び表舞台に登場させた。

衆院予算委員会の集中審議を二日後に控えた十一月二十九日。二十四年ぶりに質問に立つことになった宮澤は、首相官邸で橋本と入念な打ち合わせを行う。新旧総理大臣の質疑を通じて、公的資金導入への道筋をつけようと自民党執行部が仕掛けたものだ。

この事前の打ち合わせで、橋本と宮澤は二点について合意した、と記録されている。預金保険の財源強化のため、政府保証を活用すること。金融機関への資本注入は、北洋銀行のように破綻銀行の受け皿になる場合に限定することである。破綻していない銀行への資本注入については、「銀行救済」の反対論を恐れ、先送りすることになった。

合意事項は十二月一日の国会審議にそっくりそのまま反映された。宮澤は「最後に（預金保険に）なにがしかのロス（損失）が起こるとすれば、それはやはり政府が負担するのが本当ではないか」と問いかけ、橋本は「どんな事態が生じても対応できるように、預金者保護のため、公的支援によって利用可能な資金を拡充すべきではないかと思っている」と答弁した。一九九二年夏の軽井沢セミナーで宮澤が使った「公的支援」という表現をそのまま借用し、公的資金導入のレールを敷いたのである。

大蔵省もまた、橋本・宮澤会談の合意に沿って公的資金論議を進めていく考えだった。このころ銀行局が作成したメモにも、「預金保険の借り入れに対する政府保証を拡充し、内外のマーケットの信認を得ることが目指すべき検討の方向。具体的には信用組合向け資金の借入のみに付している政府保証を一般金融機関向け資金の借入にも付すといった対応」と記されている。それまで信用組合の破綻処理向けに限られていた政府保証を銀行向けにも適用しようという考えで、宮澤私案そのものだった。

一般会計からの支出ではなく、政府保証に大蔵省がこだわったのは、財政構造改革法との整合性を最優先に考えたからである。財政赤字の段階的縮小を義務づけたこの法律は、偶然にも金融危機が頂点を迎えた十一月二十八日に成立した。その直後に財政再建路線を変えるわけにはいかない、政府保証なら一般会計の負担はゼロで済む、と大蔵官僚たちは考えた。

もう一つ、大蔵省が一般会計からの支出を避けようとした裏には、組織解体への根強い恐怖心もあった、と複数の幹部が証言する。思い起こせば、住専処理で決断した六八五〇億円の税金投入が、その後の大蔵省批判と組織解体論に発展していった。とりわけ銀行局は「公的資金などと言い出した途端、今度こそずたずたにされる」と警戒していた。

このまま政府保証でまとめたい――。大蔵省は強く願っていたが、それを打ち砕いたのが、反執行部に転じ、「特定合併」で反対の論陣を張った自民党の梶山静六である。梶山は、政府保有のＮＴＴ株式を担保に一〇兆円の「改革発展国債」を新規発行し、これを元に金融機関の自己資本を充実させる独自の構想を週刊誌で発表しようと早くから準備していた。

十一月二十一日、梶山はこの案を要約したメモを橋本に手渡し、実現を働きかける。内容を知った大蔵省は真っ青になった。宮澤私案と違い、梶山構想は一般会計から支出し、さらに破綻していない金融機関への資本注入まで求めていたからだ。

大蔵省はすぐさま「改革発展国債はしょせん赤字国債に過ぎず、財革法に抵触する」と与党内を説いて回る。さらに、破綻していない銀行への資本注入についても「預金者保護の原則を踏み外す」と反論した。銀行局が当時まとめた内部資料には、①政府による私企業への介入になる②客観的な適用基準の策定が困難で、裁量性が強く残る③資本注入後、破綻すれば、大きな政治責任を負う④資本注入を受ける銀行は、かえって危ない銀行とのレッテルを貼《は》られかねない——と資本注入に関する四つの問題点が記されていた。

だが、懸命の説得にもかかわらず、肝心の橋本が梶山構想に傾いていく。梶山自身が橋本に会い、「自民党が嫌だというのなら、野党で共同提案させる。小沢一郎《おざわいちろう》には言ってある」と野党・新進党との連携まで匂《にお》わせたためだ。内閣支持率の急落に直面し、政権基盤が揺らぎ始めた橋本は十二月八日、この構想を政策にまとめるよう三塚に指示。「破綻していない金融機関」への資本注入が、息を吹き返した。

慌てた大蔵省は知恵を絞り、財革法に抵触せず、梶山構想とも矛盾しない「折衷案」をひねり出す。それが出資国債を活用して梶山構想そのものを呑み込むという奇策だった。

出資国債とは国際機関への出資の際に使われる「交付国債」の一種である。金利はつかず、交付先の求めに応じて、そのつど現金化するため、発行した段階で財源を手当てする必要はない。新型の国債発行を求める梶山に応え、財革法にも触れず、財源問題を先送りできる「ウルトラC」だった。

梶山は「自分の構想とは似て非なるものだ」と当初反発したが、最後は宮澤、竹下登《たけしたのぼる》の二人の元首相に説得され、了承した。十二月十六日、宮澤が本部長を務める緊急対策本部は「政府は（中略）一〇兆円の国債を交付する。預金保険機構は政府に国債の現金化を要求できる」とする政府への政策提言をまとめ、発表した。

自民党の提言を受けて、大蔵省は二〇〇一年三月末まで預金などを全額保護するための「特別勘定」と、資本注入を行うための「金融危機管理勘定」にそれぞれ一〇兆円ずつ、合計二〇兆円の借入枠を設け、この返済財源として一〇兆円の国債を交付する案をまとめた。

その後、年末にかけて食品専門商社の東食が資金繰り倒産し、株価も一段と急落したため、首相官邸や自民党が「打ち出しは大きい方がいい」と判断し、公的資金の総枠は土壇場で三〇兆円（特別勘定一七兆円、資本注入枠一三兆円）に膨らんだ。

宮澤の提唱から五年余。危機の淵に臨み、公的資金の道筋がこうして出来上がった。

日債銀に再度の墨付き

年が明けて一九九八年（平成十年）一月十二日。橋本が秘書官らと昼食を摂っていたときのことである。大蔵省出身の首相秘書官が突然資料を橋本に渡し、レクチャーを始めた。

「銀行局が昨年暮れから都銀、長信銀、信託、地銀・第二地銀に資産の自己査定を求め、その集計結果が出ましたので、ご報告致します」

資料には、都銀・長信銀・信託合わせて約五四兆三三六〇億円、地銀・第二地銀で約二二兆三七一〇億円。総額は七六兆七〇八〇億円と書かれていた。食事を摂っていた橋本の手が止まる。「七六兆円？　なんでそんな数字になるんだ」

それまで、銀行局が公表していた不良債権の総額は一九九七年九月末で二一兆七三〇〇億円だった。それが三・五倍に膨れ上がっている。首相の表情がみるみる険しくなった。

橋本「一体どういうことだ、これは」

秘書官「いや、基準が変わりまして……」

金融機関は融資先企業からの利払い状況を基に貸出資産を四段階に分類し、金融当局に自己申告している。元利払いに問題がなければ「非分類」。利払いが滞るか、融資条件を緩和していれば「三分類」。破綻はしていないが、最終的な回収に重大な懸念のある債権は「三分類」。融資先が法的あるいは実質的に破綻した場合は「四分類」となる。

これまでの公表不良債権は三、四分類だったが、橋本への報告ではこれに二分類が追加された。全国銀行一四六行の「問題債権」の全貌が、初めて公表されることになったのである。銀行の自己査定が公表されたのは、大蔵省による「公表不良債権」が実態を映さず、完全に信用を失っていたからだった。問題債権の全貌を隠したまま、三〇兆円の公的資金枠など導入できるはずがない、と銀行局幹部が公表を決断した形だが、結果的には不良債権問題の深刻さを改めて内外に知らしめることになる。

「金融システムを断固として守ります。金融機関の破綻が信用秩序と経済の危機を招くことは絶対に避けなければなりません」

通常国会冒頭で、橋本がこう訴えてから一カ月後の二月十六日。国中が長野オリンピックに沸く中、三〇兆円の公的資金枠を盛り込んだ金融機能安定化法と改正預金保険法が成立し、十八日に施行された。

早急な「貸し渋り対策」を求める自民党の要請を受けて、年度末までの短い間に資本注入を実現しようと、フル回転での検討作業がここからスタートする。

まず蔵相や日銀総裁、経団連会長らを審議委員とする「金融危機管理審査委員会」が新設され、委員長に慶應義塾大学教授の佐々波楊子《さざなみようこ》が選ばれた。だが、肝心の金融界は資本注入に腰が引けていた。銀行局が早くから懸念していたように、資産内容が比較的優良な銀行は資本注入後の経営介入を恐れ、不振銀行は「レッテル」を貼られるのを警戒したのだ。

このため自民党は、まず優良行に手を挙げさせようと躍起になる。必然的に甘い審査基準が出来上がり、全国銀行協会連合会の会長行を務める東京三菱銀行が手を挙げたことで環境が整った。全銀協は二月十七日の頭取会で、公的資金の申請を申し合わせた。

三月五日、通称「佐々波委員会」に東京三菱など主要一八行と地銀三行が資本注入を申請した。一八行のうち一二行が申請額一〇〇〇億円で並び、第一勧業は九九〇億円だった。各行ともほぼ一〇〇〇億円の横並びで、突出しないよう事前に調整したのである。

だが、あえて「突出」するリスクを選んだのが、二九〇〇億円を申請した日本債券信用銀行と、二〇〇〇億円の日本長期信用銀行だった。

経営再建中の日債銀には、銀行局幹部が「この際、多めに申請した方がいい」と助言していた。一方、長銀の多額の申請は、欧州市場で予定していた資本調達分を公的資金で賄いたいというものだった。市場調達ではなく、公的資金に頼ろうとした長銀の「真意」を銀行局はこの時点でまだ気づいていていない。

ただ、佐々波委員会の関心は、長銀ではなく、日債銀の申請を承認するかどうかに集中する。申請銀行の中で財務内容が最も悪く、自己資本比率が最も低かったのが日債銀だった。「日債銀が大丈夫なら、他には問題なく資本注入できる」と誰もが考えたのである。

「当局は当然、裏付けを持っていらっしゃるんでしょうね」

委員会の席上、審議委員の一人からこんな発言が出た。各行の財務内容について「当局のお墨付き」がほしいという意味である。このため、大蔵省と日銀が個別行の財務状況をチェックすることになり、三月八日、中請銀行の個別審査が始まった。

焦点の日債銀について、まず懸念を表明したのは経団連会長の今井敬《いまいたかし》である。「大変にリスクのある銀行だと思っている。当局の判断が（中略）ここの判断をするには必要なのではないか」。別の委員も「リスキーであると思う。討議の前提として当局の方で判断を示して頂く必要がある」と続き、大蔵大臣と日銀総裁は次回の会合で日債銀の健全性について判定を下さなければならなくなった。

三月十日。注目の日債銀の再審査で、今井は再び「今の時点でこの銀行は、債務超過の恐れは全くない、支払い能力はあると理解してよろしいか」と切り込んだ。まず日銀総裁の松下が答えた。

「日債銀の資本勘定はやや少なめとも言える数字だが、決して債務超過ではない。ソルベンシー（支払い能力）に問題があるとは認識しておりません」

するとと別の委員が、資本注入後に破綻する蓋然性《がいぜんせい》が高い銀行には認めないとする審査基準を引き合いに出し、この点は大丈夫かと念を押す。

部屋中が緊迫する中、三塚のあとに蔵相に就いた松永光《まつながひかる》ははっきりと答えた。

「基準はクリアできると見て差し支えないと私は判断しているわけです」

重苦しい緊張感が一瞬にして緩み、全員が日債銀への資本注入に同意した。残る二〇行に対して懸念を表明する委員はおらず、佐々波委員会は三月十二日までに総額一兆八一五六億円の公的資金投入を承認。閣議決定を経て、三月三十一日に振り込まれた。

一部減額されたが、日債銀には六〇〇億円、長銀にも一七六六億円の公的資金が入った。振り返って松永は「潰しちゃいけない。行けるなら行くしかない、と思った。それが日本の金融システムの安定化をもたらす道だという前提があった」と話す。

警戒はしたものの、このあと起きる「大乱」を予測できた者は誰一人いない。

接待汚職で機能麻痺

佐々波委員会と並行して、大蔵省はこの時期、組織を揺るがす重大危機に直面していた。

前年夏に始まった東京地検特捜部による捜査が自らに向かっていたのだ。

第一勧業銀行による総会屋への利益供与事件に端を発した捜査は、その後、大蔵官僚への接待汚職疑惑へと発展していた。銀行などによる過剰接待という「賄賂《わいろ》」によって金融行政が歪《ゆが》められ、不良債権問題につながっていったのではないか、という筋立てだった。

一九九八年一月二十六日夕、約五〇人の捜査官が隊列を組み大蔵省の正門をくぐっていった。七三年の殖産住宅相互事件以来、二五年ぶりの大蔵省への強制捜査である。

捜索の対象は金融検査部と銀行局。虚を突かれた本省の捜索と捜査官の厳しい命令口調に、大蔵官僚の誰もが茫然《ぼうぜん》自失となる。そして任意同行を求められたノンキャリアの金融検査官二人が、第一勧銀など四行から過剰な接待を受けた収賄の容疑で逮捕された。

国会では野党側が審議拒否に転じ、蔵相の三塚はやむなく辞表を提出。事務次官の小村武も翌日、蔵相を一時兼務した橋本に辞表を出さざるを得なくなる。さらにノンキャリアの金融取引管理官が自殺する事件も起きた。大蔵省の威信は、音を立てて崩れていった。

危機感を強めた大臣官房は、松永新蔵相の就任とともに、接待に関する緊急調査に乗り出したが、対象を金融機関の検査、監督に当たってきた幹部職員に限定したことに金融部局から強い反発の声が噴き出した。仮に公社や公団から過剰な接待を受けていても、金融行政と接点のない財政部局の幹部は、調査や処分の対象にならず、不公平だとの批判である。

亀裂《きれつ》は、金融・財政部局間だけでなく、キャリアとノンキャリアの間にも入った。キャリアの接待の方が派手なのに、なぜノンキャリアだけが逮捕されるのかという疑問と不満が組織全体を覆っていく。高い実務能力と豊富な経験を持つ全国八万人のノンキャリアの怒りは、士気の低下を通じて、大蔵行政そのものを停滞させかねない危険を孕《はら》み始めていた。

肌寒い曇天の三月五日。ついに証券局キャリアの総務課補佐とノンキャリアの証券取引検査官が東京地検に呼び出され、単純収賄の疑いで逮捕される。

さらに、この六日後には日銀の証券課長も単純収賄の疑いで逮捕された。三洋証券や山一証券の処理に当たった幹部職員である。強制捜査は日銀にも及び、総裁の松下は三月十一日、橋本に辞意を伝えた。次期総裁候補だった副総裁の福井も、悲願の改正日銀法施行を目前に引責辞任する。松下の後任には、三重野と日銀同期だった速水《はやみ》優《まさる》が選任された。

日銀の証券課長が逮捕された翌十二日。大蔵省銀行局のノンキャリアの課長補佐がまたも自殺した。多数の犠牲者を出し、このあたりから大蔵省、日銀とも機能不全の状態になっていく。

蔵相の松永は捜査がこれ以上広がらないか見極めた上で、四月二十七日夕、内部調査に基づく一一二人の大量処分に踏み切った。特に接待の金額や回数の多かった証券局長の長野と銀行局審議官の杉井《すぎい》孝《たかし》は諭旨免職となった。日銀でも九八人の職員が処分された。

自らの脇の甘さを後悔しつつも、金融当局者の間に、名状しがたい絶望感と無力感が広がっていく。金融の統治機能は、最も重要なときに麻痺していった。

渦巻く「日本バッシング」

深刻な金融不安と当局の機能不全を背景に、日本経済は坂を転げ落ちるように失速し、早急な対応を求める国際社会からの圧力が急速に高まっていた。

接待汚職の捜査が動き出していた一月二十一日。米財務長官のロバート・ルービンがワシントンでの講演で「弱い日本は弱いアジアの原因である」と発言。二月四日の米上院財政委員会の公聴会では、ロバート・ゼーリック元国務次官が「これまでの経験から言って、日本に一番効くのはガイアツだ。G7やAPECの国々を総動員して圧力をかけるべきだ」と言い、米国際経済研究所のフレッド・バーグステン所長は「どの国が悪いのかと聞かれたら、はっきり言おう、日本だ。インドネシアでも韓国でもタイでもない。G7でできる限りの圧力をかけて、日本を動かすべきだ」と、アジア危機の核心は日本にあると主張した。

そして二月十三日。ローレンス・サマーズ財務副長官が駐米大使の斎藤邦彦《さいとうくにひこ》らを米財務省に呼びつける。

会談録によると、サマーズは一〇兆円規模の景気対策を要求した上で、「公的資金の使われ方について、われわれは懸念を有している。健全な金融機関の資本強化支援を厳しい条件付けなしに行うべきでない。すべての大銀行に公的資金が使われるとすれば、それは国際的信用を落とす」と注文を付けた。ようやくまとまった三〇兆円の公的資金枠、とりわけ資本注入の制度を米側は「弱体化した邦銀への補助金」ではないかと疑っていたのである。

サマーズはさらにこんなことまで言った。

「大蔵省は一九行の大銀行は潰さないと言っている。これは旧態依然たる監督行政の表れだ。過去七年間で、いちばん日本の株が上がったのは、北海道拓殖銀行が破綻した翌日である」「もはや大蔵省は信用を失っており、任せておくわけにはいかない。日本政府は過去数年間、われわれの警告にもかかわらず、失敗に失敗を重ねてきた」（面談録より抜粋）

駐米大使の斎藤は「最近のスキャンダルは不幸なことだが、これも改革の推進力になっている。大蔵省は非常に能力があり、知的で勤勉で意欲に溢れる人々である。金融の問題を大蔵省がやらずして、どこがやるというのか」と反論したが、サマーズは意に介さなかった。

このやり取りが行われていたちょうどそのころ、大西洋を挟んだ英国ロンドンから一通の書簡が東京に向けて発送される。後にイングランド銀行総裁となるマービン・キング理事から日銀理事の永島旭《ながしまあきら》に宛てられたものだった。

書簡は、この年のG7議長国を務める英国が日本の金融安定化策について事前質問する形を取っていたが、その中身は「日本は事態の深刻さを本当に分かっているのか、やる気があるのかと馬鹿にするような内容だった」と、日銀関係者は振り返る。
一、大手一九行のいずれであれ債務超過と証明された場合、その銀行は閉鎖されるのか
二、大手一九行が発表している自己資本比率はどの程度正確か
三、伝えられている自己資本は、その不良債権や保有株式の会計上の取り扱いの結果、実際に利用可能な資本より大きく誇張されていることを日本の当局は認識しているか
四、閉鎖される銀行を選定する基準は何か
五、公的資金を受けられる銀行を選定する基準は何か
六、日本の当局の見解では、最近公表された不良債権は信頼回復に役立つと思うか
質問はこんな調子で、二一項目にも及ぶ。相次ぐ金融破綻と不透明な銀行財務、さらに公的資金をめぐる迷走も重なり、日本への信認が崩れかかっていることを当局者の多くが痛感させられた。欧米当局は、時に大手銀行の具体名まで挙げて、「バッドバンクは潰せ」と圧力を強めていった。

公的資金の関連法案が成立した翌日の二月十七日。元米財務次官のロバート・グラウバー、

ボストン連邦準備銀行のエリック・ローゼングレンらから成る「金融安定化アドバイザー」が日本に派遣される。一月の自民党大会に招かれたハーバード大学教授のジェフリー・サックスが「良い助言ができる専門家がいる」と持ちかけ、自民党が大蔵省と全国銀行協会連合会に働きかけて実現させたものだ。アドバイザーは金融界や当局から聞き取り調査を行い、三月に入ってこんな報告書を送ってきた。

「明らかに破綻状態にある金融機関はすべて閉鎖されるべきである。（中略）破綻金融機関を支えることは、極めて重い政治的コストにつながる」

「断固とした行動を取れなかった場合、銀行の閉鎖手続きのタイミングは、政府の手から市場の手に移されることになる。そのような手続きは、前向きな政府の政策よりもかなり暴走的なものとなりがちである」

バッドバンクは潰せ、と迫るこの「金融安定化策に関する最終報告書」は、数カ月後に起きる新たな動乱をぴたりと言い当てる。金融当局の「失権」と横並びの公的資金投入を機に、危機の巨大なマグマが、再び動き始めていた。

第3章　二波、そして三波

——迷走する長銀処理、竹中プランの出現

1998–2005

長銀危機の勃発と迷走

一九九八年（平成十年）四月一日、接待汚職事件の喧噪が続く中、改正日銀法がひっそりと施行された。国家統制色の濃い旧法に比べ、日銀の「独立性」は向上したが、インフレの時代は既に終わり、金融危機下の舵取りを問われる厳しい再出発となった。

そんな新生日銀を尻目《しりめ》に、この春、海外勢の「日本売り」が勢いを増す。三月に一万七〇〇〇円あった平均株価は一カ月ほどで一五〇〇〇円下げ、円安・ドル高も進行した。横並びの資本注入と金融当局の機能麻痺は投資家たちの失望を買い、格好の売り材料となる。

そして、事件が起きた。

六月五日発売の月刊誌に「長銀破綻で戦慄の銀行淘汰が始まる」との記事が掲載され、これを追うように英紙フィナンシャル・タイムズも八日に長銀の経営問題を報じたのだ。

ロンドンの日本大使館から入った電話に銀行課は息を呑んだ。

「長銀が危ないと、シティで大変な噂になっている。近く一兆円の決済期限が来るのに流動性が不足している。資金ショートする、と」

銀行課は噂を打ち消すよう指示したが、動き出したマグマは止まらない。それまで二〇〇円近辺だった長銀株は数日で暴落。金融当局の誰一人予想しない形で長銀危機が表面化した。

日債銀と同様、日本長期信用銀行もまた負の遺産に喘《あえ》いでいた。「太平洋のリゾート王」と呼ばれた高橋治則率いるイ・アイ・イ社向け融資で深手を負い、さらに住専処理で「母体行方式」が採用された結果、日本リースなど系列ノンバンクの抱える膨大な不良債権が重くのしかかってくる。業容拡大に系列ノンバンクを積極活用したツケが回ってきていた。

長銀は一九九七年七月、日債銀の救済劇を見届けた上で、スイス銀行（SBC）との包括資本提携に踏み切る。金融債を発行して長期貸し出しを行う長期信用銀行の将来性が危ぶまれる中、証券引き受けやM&A仲介を手掛ける欧米型の投資銀行に「脱皮」する起死回生の一手となるはずだった。

だが、SBCによるその後の資産調査で長銀の不良債権があぶり出され、十一月の金融危機で事態は一変する。提携解消の噂が再三流され長銀株は急落し、十二月に入るとSBCが同じスイスのUBSとの合併を発表。SBCの「長銀離れ」が一気に加速する。

長銀の信用不安を懸念したSBCは一九九八年二月、「提携への保険」と称して法外な要求を突きつけた。長銀株が額面五〇円を下回り続けた場合、両行が合弁設立する証券・投資顧問の子会社をＳＢＣが接収できるというものだ。破談を恐れる長銀側にもはや「拒否権」はなく、この屈辱的な要求を呑まざるを得なかった。さすがに株価の額面割れはないだろうとの楽観論も経営陣にはあった、と関係者は回想する。佐々波委員会に対し、長銀が横並び水準を超える二〇〇〇億円の公的資金を申請したのも、当面の株価を維持しつつ、展開によっては「脱ＳＢＣ」の可能性も探ろうと考えたからである。

実際、株価暴落を招いた六月の大量の売りを仲介したのも、長銀とＳＢＣとの合弁会社、長銀ウォーバーグ証券のロンドン支店だった。ＳＢＣは長銀を見限った、と市場は判断した。

思わぬ危機の到来に慌てた頭取の大野木克信《おおのきかつのぶ》は、「合併」による延命策に動き出す。まず日本興業銀行に、続いて第一勧業銀行にも話を持ちかけたが、いずれも相手にされなかった。株価暴落を受けて金融界や永田町《ながたちょう》でさまざまな噂が広がり、それがまた憶測交じりの報道を経由して、信用不安を拡散する悪循環へと陥っていく。

さらに悪いことに、長銀危機は、頼みとする大蔵省銀行局が「消滅」するタイミングとぴったり重なった。橋本行革の目玉となった財政・金融分離の具体策として、大蔵省から銀行、証券、保険の検査・監督部門を切り離し、金融監督庁が六月二十二日に発足することになっていた。しかも、接待問題で処分された銀行局のベテランは監督庁行きが許されなかった。金融行政移管の隙《すき》を突かれ、長銀は「海外の投機筋に狙われた」（銀行局幹部）のである。

資金繰りが次第に苦しくなる中、長銀が住友信託銀行との接触に成功したのは、株価が一〇〇円を割った六月十九日のことだった。長銀の総合企画部部長、川上陸司《かわかみりくし》がこの夜、旧知の住友信託の幹部宅を訪ねて合併を打診。住友信託の幹部も前向きな反応を示し、水面下での交渉が始まった。

六月二十一日。東京・三田の共用会議所で銀行局と金融監督庁との引き継ぎが行われた。その最中に長銀副頭取から銀行局幹部に「住友信託と合併できそうです」と電話連絡が入る。監督庁が発足した翌二十二日、六本木《ろっぽんぎ》のホテルで両行の企画担当幹部が会い、この場で長銀の川上が「組織をそっくり移したい。経営権にはこだわらない」と伝えた。

住友信託側も、住友銀行との距離を保ちながら、金融危機を乗り切るために長銀との合併は選択肢の一つであると考えていた。特に社長の高橋温《たかはしあつし》は、自主自立を確保できる再編の道を懸命に探っていた。長銀側の申し出に対し、住友信託の幹部はこう答えたという。

「(社長の) 高橋もその気です。長銀の行員は責任を持って引き受けましょう」

この日、長銀頭取の大野木は高橋に電話を入れ、合併を正式に申し入れた。高橋は「誠意をもって検討します」と約束した。大野木はこの後、銀行局に報告に行っているが、高橋は自著『金融再編の深層』の中で、同じ日に大蔵事務次官の田波耕治《たなみこうじ》に面会を求め、「市場から前向きに評価される内容でなければ受け入れられない」と伝えた、と書いている。合併構想にやんわりクギを刺していたのだ。

このため大蔵省は合併交渉を後押ししようと、銀行局元審議官の中井省《せい》、元銀行課長の内藤純一らによる特命班を編成する。このチームが急ぎとりまとめたのが「二段階合意案」だった。住友信託内部の反対論を押さえ込むため、七月から始まる金融監督庁の検査結果を見て、「長銀が資産超過なら合併、債務超過だったら住友信託を受け皿に営業譲渡する」というもので、高橋はこれに同意し、大野木は渋々納得した、と特命班の一人は証言する。

だが、トップ高橋の強い意欲にもかかわらず、住友信託は内部の調整に手間取った。この週開かれた経営会議では、長銀の財務内容を心配する副社長らが反対に回り、意見がまとまらない。長銀の株価は二十五日、ついに額面の五〇円をつけ、金融債の解約を求める客が各地の支店に殺到した。資金繰りの「タイムリミット」が目前に迫っていた。

六月二十六日、金曜日。住友信託は株主総会の終了後、臨時経営会議を招集した。だが、ここでも異論が出され、合併協議に入ることで議論が集約されたのは午後三時過ぎだった。このあと夜に記者会見が開かれたが、通常、トップ二人並んで行われるはずの会見は別々に開かれた。詰めかけた大勢の記者を前に、高橋は淡々とこう説明する。

「存続会社、商号とも住友信託銀行。不良債権は少なくとももうちは引き受けません」

合併の先行きに暗雲を予感させる、そんな冷ややかな記者会見だった。

七月十二日の参議院選挙で自民党は大敗し、橋本龍太郎は退陣の意向を表明する。省庁再編など六大改革を掲げた政権は、金融危機の直撃を受け、二年七ヵ月で幕を閉じた。続く自民党総裁選では、梶山静六が不良債権への引き当て強化により「二年以内に金融システムを大手術する」というハードランディング（硬着陸）路線を主張し、議論を呼んだ。だが、大規模な減税と追加補正予算を柱とするソフトランディング（軟着陸）路線を唱えた小渕恵三《おぶちけいぞう》が勝利し、「経済再生内閣」を発足させる。小渕は、内閣の要《かなめ》となる蔵相に「最大最強の方にお願いしたい」と言って宮澤喜一を選び、世間をあっと言わせた。

このとき宮澤は七十八歳。首相経験者が再び蔵相に就くのは、昭和恐慌のときに日本経済を救った高橋是清以来である。記者会見で宮澤は言った。

「高橋さんと比べられるのは非常に光栄だ。願わくは、ああいう仕事をしたい」

その言葉通り、宮澤は所得税・法人税減税や第二次補正予算など経済対策を矢継ぎ早にまとめていく。が、税財政よりもさらに情熱を注いだのが長銀問題だった。

内閣発足の直前、宮澤は小渕に「ハードランディングなら誰でもできる」と軟着陸の必要性を説き、就任するや日銀総裁の速水優に電話し、長銀を潰してはならないとの認識で一致する。事務次官の田波耕治にも「長銀を頼みます」と繰り返し指示をした。

前年秋の大型連鎖破綻とその後の不況を見て、宮澤は金融破綻がいかに高くつくかを肌で感じていた。破綻処理の直接のコストはもちろん、連鎖的な信用収縮や倒産・失業の増大、さらに消費者心理の落ち込みも避けられない。金融債保有者の動揺も考え、総資産二六兆円もある長銀を潰してはならない、と堅く心に決めていた。

大臣の意を汲《く》んで、事務次官の田波も合併実現のための支援策を検討するよう省内に指示を出す。大蔵省から独立した金融監督庁の担当者は「七月までは破綻処理の可能性も視野に入っていた。それが八月上旬には全く景色が変わってしまった」と話している。

宮澤の登場は、長銀の大野木を勇気づけた。住友信託との「二段階合意」は渋々受け入れたものだった。「大野木頭取は次第に破綻だけは嫌だと粘り始めた」と金融当局者は言う。長銀の資金繰りは八月上旬に危機的状況に直面し、役員会に破綻申請の検討が提起されたこともあったが、大野木らは政府の支援を信じて頑張るよう行内に号令をかけ、ピンチを乗り切っていった。

これに対し、住友信託銀行に対する当局の圧力は増すばかりだった。高橋温は自著の中で、八月に入ると大蔵事務次官や金融監督庁長官、日銀総裁から毎日のように電話がかかり、「早く合併を決めろ」と催促されたと明らかにし、八月十二日には官房長官の野中広務からも電話で要請された、と記している。長銀株は前日に一時三七円にまで下落していた。

野中が高橋に電話を入れた十二日、田波と特命班のメンバーが大臣室に集合した。元銀行課長の内藤は、長銀の財務内容を懸念する住友信託の意向を踏まえ、宮澤にこう切り出す。

「金融監督庁の検査でバツ（債務超過）だった場合は住友信託に営業譲渡するしかありません。しかし、もしマル（資産超過）だった場合も、住友信託への資本注入だけでは合併は難しい状況にあります」

そう言って、内藤は事態打開に向けた「秘策」を披露した。
一、関連ノンバンク向けの債権放棄により過小資本となる長銀に資本注入する
一、合併比率を住友信託側に有利に設定することにより、長銀に入れた公的資金が実質的に棄損しても、それを容認する
一、受け皿となる住友信託にも、合併時に資本注入を行う
特命班の策は、長銀、住友信託の両方に順次資本注入を行うという「連続資本注入」だった。注入額は原案段階でそれぞれ一兆円ずつ、合計二兆円だったが、その後の精査で八〇〇〇億円ずつの合計一兆六〇〇〇億円に圧縮されている。

債権放棄と公的資金の棄損、さらに再度の資本注入という途方もない案に、宮澤は小さく唸《うな》り、考え込んだ。これでは実質債務超過のバランスシートに化粧を施し、強引に合併させ

たと批判されかねない。そもそも法的に問題はないのか――。

宮澤の沈黙は一五分近く続いた。息詰まるような緊迫感に大臣室は包まれた。

「分かりました。それでいきましょう」

蔵相の断が下り、幹部の間から安堵《あんど》ともつかぬため息が漏れた。破綻処理よりもコストの小さい「合併支援」を選ぶべきだ、と宮澤は結論づけた。批判は覚悟の上だった。

このとき、金融監督庁の検査でよもや「バツ（債務超過）」になることはあるまい、との読みも大蔵省側にはあった。合併で生き延びようとしている瀕死の銀行に対し、検査部門が死刑宣告するなどあり得ない、それまでの経緯は監督庁も理解しているはずで、組織が分割されても「行政の一貫性」が無視されるはずはない、と思い込んでいたのである。


八月二十日朝、合併協議に重大な転機が訪れた。金融監督庁長官の日野正晴《ひのまさはる》が、高橋を呼び出したのだ。日野は長銀がまとめた大掛かりなリストラ案を説明し、合併協議を前進させるよう促した。高橋は慎重に言葉を選びながらも、長銀との協議には前向きに応じる姿勢を示した。日野はすぐさまこの結果を蔵相に報告する。宮澤は、迷わず小渕に電話した。

「総理、住友信託の社長を今夜公邸に呼んで下さい。私も参ります」

当時、金融監督庁の主務大臣は首相だった。小渕はこの提案を了承し、私企業の合併に首相が関与するという前代未聞の「頂上作戦」が実行されることになる。

高橋を招いての会談は、二十日午後八時二十分から首相公邸の応接室で行われた。宮澤のほか、官房長官の野中と日野も同席した。

小渕は「内閣としては、長銀を破綻させては国民に申し訳ないと思っている」と切り出し、両行の合併は金融システム安定のために極めて重要だと決断を促した。

続いて宮澤が口を開き、「何とか長銀と合併することを考えて頂きたい。そのためには、政府としても、でき得る限りの対応を考えたいと思っています」と言い、連続資本注入のアイデアを披瀝《ひれき》した上で、こう言い切ったという。「必要な資金はいくらでもつけましょう」

会談では、野中や日野はほとんど発言をせず、宮澤の「独り舞台」になった、と出席者は証言する。宮澤が「カネに糸目はつけない」と発言をしたとも後に伝えられたが、高橋は自分の記憶する事実とは違う、と自著で反論している。

蔵相の話を黙って聞いていた高橋は、政府の姿勢を評価すると言いながらも、こう付け加えるのを忘れなかった。

「一私企業の経営者と致しましては、一つ一つ手順を踏んで合併を検討していくしかありません。私たちはマーケットに監視されております」

合併構想が報道されて以来、住友信託の株価はずるずると下がり続けていた。巨額の不良債権を抱えることになる長銀との合併に市場はマイナスの評価を下し、高橋自身も行内の反対派勢力を説得できる状況になかった、と監督庁幹部は話す。

必死の説得にも、高橋は最後まで言質《げんち》を与えず、一時間の頂上作戦は、不調に終わった。

さらに悪いことに、小渕と宮澤が勝負をかけた公邸での協議が、その夜のうちに外部に漏れてしまう。それまで「失言恐慌」を恐れ、長銀問題を真正面から取り上げてこなかった野党側は、首相と蔵相が合併支援に乗り出したと知り、態度を一変させた。既に召集されていた臨時国会は大荒れとなり、政府は防戦一方となる。

衆院の特別委員会には、政府・与党が提出したブリッジバンク法案など金融再生六法案と、民主党、自由党など野党三会派による四法案が提出され、真正面からぶつかり合っていた。野党側の対案は、破綻金融機関は原則として清算するが、金融システムに重大な影響を及ぼす場合は、国が株式を取得する「一時国有化」が目玉となっていた。

それまで金融機関の破綻処理で常にハードルとなってきたのは、破綻後の受け皿をどう作るかにあった。この問題を制度的に解決しようと、政府・与党が考えたのが米国型のブリッジバンク、野党が考えたのがスウェーデン方式の一時国有化である。手法は異なるものの、破綻金融機関を「公的管理」するという点で、問題意識には共通点があった。

ただ、長銀問題に関しては、与野党の対立は凄烈《せいれつ》だった。

あくまでも連続資本注入で合併を推し進めようとする政府を野党は激しく批判。長銀は実質債務超過であり、破綻処理して一時国有化すべきだと一歩も譲らなかった。自民党は参院で少数与党に転落していたため、政府案で強行突破を図るわけにもいかず、野党の協力を求めて法案の修正協議に乗り出さざるを得なくなる。与野党対立の象徴として、長銀は立法府で「宙づり」の状態となった。

同じころ、国際金融市場も混迷の度を深めていた。経済危機に喘いでいたロシアが八月、対外民間債務の九〇日間凍結と自国通貨の切り下げを突如宣言。巨額の短期資本が米国債に逆流し、通貨危機がロシア、メキシコ、ブラジルへと一気に拡散し、株価も急落した。この影響で、米大手ヘッジファンドのLTCMが破綻の危機に直面し、ニューヨーク連邦銀行は九月二十三日、「奉加帳」方式のLTCM救済案を策定せざるを得なくなる。当時財務官を務めていた榊原英資は「ブラジルが崩壊寸前で、ウォールストリートも危ない。そこで日本でもう一つ銀行が倒れたら間違いなく世界恐慌だと思っていた」と述懐する。

危機が深まる中、九月九日に始まった与野党の修正協議は、強気で迫る野党側に自民党が小出しに譲歩する展開となり、十八日に訪米を控えた首相が野党党首と個別会談し、法案修正でいったん基本合意した。だが、その内容が玉虫色で、政府側も連続資本注入による合併構想を諦めていなかったことから野党側が猛反発、協議は再びデッドロックに陥る。

臨時国会の会期末が近づき、内外の緊張が高まる中、際どい局面を切り開いたのは、野中官房長官の記者会見でのこの発言だった。

「子会社の関連債務を不良債権として処理するために、公的資金を投入したり、公的管理等で救済することは選択すべきでない。国民も政治家もバブル期に生じた大きなツケをどうして公的資金で賄っていくのかという大きな不満を持っているような気がする」

野中自身、「こうなったら一か八《ばち》かだ」と周囲に漏らしていたが、あえて公的資金投入を否定するこの発言によって瞬時に流れが変わり、自民党は幹部会で野党案受け入れの方針を固める。宮澤もはや異を唱えず、資本注入による未曽有の長銀救済計画がこの瞬間、消え去った。

最終的に与野党でまとまった合意内容は「長銀を特別公的管理下に置いた上で、国が取得した株式を他の金融機関に譲渡（子会社化）する」というものだった。特別公的管理とは、野党が提案した一時国有化のことであり、与党はこの案を実質的に「丸吞み」し、野党との協議を経て次のような条文を金融再生法案に急遽追加する。

〈第三七条　金融再生委員会は、銀行がその業務又は財産の状況に照らし預金等の払い戻しを停止するおそれが生ずると認める（中略）ときは、当該銀行につき、特別公的管理開始決定をすることができる〉（傍点は筆者）

この「おそれが生ずる」とは、現時点では生じていない、つまり債務超過とは認定されていないという意味であり、「まさに長銀のために作られた条文だった」と多くの関係者が解説する。長銀が実質債務超過かどうかを曖昧にしたまま、ともかく一時国有化し、将来の住友信託銀行との合併にも含みを持たせようという高度な「政治決着」だった。

だが、双方のメンツに配慮した立法府の妥協案に、行政府は黙っていなかった。

金融再生法が成立した十月十二日の深夜十一時半過ぎ。金融監督庁の担当課長らが長銀の総合企画部部長、川上陸司を呼び出し、こんな話を切り出した。

「率直に申し上げますが、金融再生法には行政として責任が持てません」

課長らは議員立法で成立した金融再生法の法的不備を細かく説明し、最後に持ちかけた。

「川上さん、現行法の枠組みの中で、何かやれることがあるんじゃないですか」

遠回しに伝えたのは、金融再生法に基づく一時国有化ではなく、現行法、つまり預金保険法を使って資金繰り破綻を選んではどうか、という驚くべき打診だった。一時国有化に組織存続のかすかな望みを託していた川上は、憤然とこれを拒否し、席を立つ。

金融監督庁が「行政指導まがいの行為」に及んだのには理由がある。立法府が用意した特別公的管理が、行政にとって実に使い勝手の悪い手法だったからだ。

一時国有化するには、純資産額を基に株式の取得価格を弾き出さなければならないが、その算出は容易ではない。また特別公的管理には、政府が破綻認定した上で一時国有化する三六条と、破綻認定はせずに銀行が自主申請できる「長銀向けの三七条」の二種類あったが、もし長銀が債務超過と認定されれば、三六条を使わなければならない。与野党合意とは無関係に、金融監督庁が難しい「行政判断」を下さなければならなかったのである。

「長官をはじめ、首脳部は皆すくんでいた。金繰りで自然と倒れるのならともかく、国家権力を使って強制的に破綻させるということに躊躇していた」と、ある幹部は回想する。別の監督庁関係者は、資金繰り破綻を長銀に促すよう上層部から指示があった、と明言した。

だが、資金繰りに行き詰まって倒れるなど、長銀にはあり得ない選択だった。六月以来、幾度も流動性危機に直面したが、「生きたまま組織を残したい」との一念でここまで耐え忍んできたからだ。

さらに、長銀の背後には、日銀の懸命のバックアップもあった。ピンチが来るたびに、信用機構局幹部が農林系統金融機関などに電話し、資金供給を続けるよう頼み込んだ。与野党が激突している最中に、もし長銀が資金繰り破綻すれば、批判は日銀へと向かい、巨額の特融発動に追い込まれる。日銀もまた、資金繰り破綻だけは避けたかった。

「八月末あたりから、いつ倒れてもおかしくなかった。まるで生命維持装置をつけられている病人のようだった」と監督庁の担当官は長銀の末路を回顧している。

検査部が三カ月かけてまとめた長銀の検査結果は、何とも微妙なものだった。

――一九九八年三月末時点では、貸借対照表上も、資産の部に計上されるべき金額の合計額が負債の部に計上されるべき金額の合計額を上回っていた

――一九九八年九月末については、六月末の資産査定を基準としつつ、九月末までに発生した後発事象を加味した場合、要追加償却・引当額は七六〇〇億円となった

――この結果、貸借対照表上は資産超過であるが、有価証券・動産不動産等を時価で評価した場合に生じてくる含み損益が▲五〇〇〇億円と見込まれる

「債務超過とも資産超過とも、どちらとも取れるような中途半端な結論だった。恐る恐る出してきたという印象だった」と監督部の関係者は振り返る。三月末は資産超過だったとすることで、佐々波委員会での資本注入は正当化される。九月末も資産超過ではあったが、自己資本を上回る株の含み損が発生していた――。検査部の結論は、長銀を救済しようとした首相や蔵相、大蔵省の立場とも整合するものとなっていた。

この曖昧な結論を基に、行政が破綻認定をしていいのか、監督庁の幹部会は紛糾した。国際畑出身の幹部は、信認回復のために破綻認定すべきだと主張した。接待汚職事件で銀行行

政への信頼低下を懸念した幹部がこれに同調し、検査部門の士気高揚を図る幹部も「潰すべきだ」と言い切った。だが、過去の護送船団行政しか知らない幹部や、行政訴訟のリスクを考える幹部は破綻認定に躊躇した、という。

　一方、大蔵省との対立も深まっていた。再生法の成立後、大蔵省は与野党合意に基づく三七条を適用すべきだと主張していた。破綻認定をすれば海外で不測の事態が起きかねない、国有化のコストは増大し、何より宮澤のメンツが失われる。このため、長銀に資金繰り破綻を持ちかけたと聞いた大蔵省幹部は憤慨して監督庁に抗議し、「もし潰してしまったら大変な財政負担になる。将来、大蔵省に戻れなくなるぞ」と圧力をかける幹部もいたという。

　十月八日、事務次官の田波と監督庁長官の日野が官房長官の前で直接議論したが、結論は出ない。新旧当局のにらみ合いが続く中、事態が決着したのは長銀の検査結果が出た直後、十月十九日ごろだった。野中が国会内の官房長官室に双方の首脳部を集めたのである。

　大蔵省から事務次官、金融企画局長、信用課長ら、監督庁からは長官、次長、監督部長、検査部長ら幹部が勢ぞろいし、再び激論が繰り広げられた。大蔵省側は長銀が抱える膨大なデリバティブ（金融派生商品）のリスクを強調しつつ、財政負担の少ない三七条を採るべきだと主張、監督庁は検査部長を中心に「長銀は債務超過状態にあり、デリバティブも解消が進んでいる」と譲らない。口角泡を飛ばす大論争となった。

熱のこもったやり取りを聞き終えた野中は、おもむろに目前の資料に手を伸ばし、「これで行く」と三六条を指さした。そして監督庁幹部にこう言った、と後に証言している。

「ルールに従って、王道を歩みなさい」

監督庁幹部は「これこそ政治決断だ」と感激し、大蔵省側は言葉を失った。監督庁は古巣だけでなく、与野党合意の縛りからも解き放たれ、破綻認定に向かって動き出した。

そんな動きを知らない長銀は、自らに用意された三七条の「破綻認定を伴わない一時国有化」に向け準備を進めていた。十月半ばに開かれた最後の部店長会議で、頭取に就いたばかりの鈴木恒男《すずきつねお》はこう報告する。

「苦しいながらも資金繰りをつけ、何とか頑張ってきた。国会でも国有化という破綻させない方法で再建していく道ができた。それに乗っていこう。この三七条でいきたい」

暗闇に光が差した、と部店長らは思っていた。

十月二十一日、金融監督庁の担当官が、柳澤伯夫《やなぎさわはくお》の個人事務所に出向いた。国土庁長官の柳澤は、二十三日付で初代の金融再生担当相に就任することが既に内定していた。

「大蔵省は三七条と言っていますが、資金繰りの面から見ると、長銀は既に破綻状態にあり、資産を清算価値で見ざるを得ません。そうなるとやはり三六条を適用すべきです」

担当官の説明を聞いた柳澤は、すぐさま傍らの電話に手を伸ばし、宮澤に連絡する。

「いろいろ議論はありますが、三六条で行こうと思います」

「柳澤君がそう言うんなら、仕方ありませんな」

宮澤は内心では特別公的管理に反対しながらも、もはや反論しなかった。

一連の経緯を聞いた監督庁の中堅幹部たちは、胸が熱くなったという。野中裁定と柳澤の短い電話によって、金融行政は大蔵省から独立した、と感じたのである。

その翌日、長銀総合企画部部長の川上が、再び金融監督庁に呼ばれた。三七条ではなく、三六条に基づき特別公的管理の開始を決定するという監督部の通告に、川上は気色《けしき》ばんだ。

「おかしいじゃないか。含み損があると言うのなら、逆に含み益のある資産もある。電力会社向け融資などは年利五％の長期貸しだ。現在価値に引きなおせば、含み益が出る」

担当官は顔色を変えず、反論した。方針は既に決定済みである。

「本当に時価で見るというのならお宅の資産はもっと目減りする。そうなると株の含み損を入れなくても債務超過になります」

川上は目の前が真っ暗になった。

「行政が資産の価値を評価すると言うんですか。それは公認会計士の仕事でしょう」

「それなら他の銀行もちゃんと認定するんですね。出るところに出て、議論しましょうよ」

頭に血が上っていくのが、川上は自分でも分かった。

組織維持のため、必死で食い下がる川上の形相を、担当官らは今も鮮明に記憶している。

このあと、長銀は深夜の取締役会で、監督庁の意向に逆らう形で三七条に基づく「破綻認定を伴わない特別公的管理」の申請を決議した。川上らの最後の意地だった。

十月二十三日午前八時半、長銀は申請書類を提出。その三時間後、政府は三六条の「破綻認定に基づく特別公的管理」の開始決定を通告した。

戦後の企業金融を支えてきた名門銀行は、「政治決着」と「行政判断」の狭間《はざま》をさまよった末に破綻認定され、史上初の特別公的管理銀行となった。六月の危機勃発から、四カ月に及ぶ迷走の終着点である。

この一年半後、旧長銀は競争入札を経て米リップルウッド社などから成る投資組合に一〇億円で売却され、「新生銀行」となる。売却金額だけでなく、引き継いだ債権が一定以上下がったときは国に買い取り請求できる「瑕疵担保条項」が認められたことに批判が集中した。また、この条項の行使により、そごうや第一ホテルなどが後に倒産に追い込まれた。

日債銀破綻と第二次資本注入

長銀の一時国有化が決まった直後、一三兆円枠に代わる新たな資本注入制度が固まった。金融国会での与野党合意に基づき金融機能安定化法が廃止され、これに代わる枠組みとして自民、平和・改革（後の公明党）、自由の三党合意で「金融機能早期健全化法」がスピード成立したのである。デフレ回避のため、資本注入枠に二五兆円、金融再生勘定に一八兆円が用意されることになり、預金者保護の一七兆円と合わせ、公的資金枠は総額六〇兆円にも達した。このときの合意が後に自民・公明による連立政権への道を開いていく。

秋も深まり、長銀と入れ替わるように、日本債券信用銀行の経営問題が浮上した。三月の佐々波委員会で唯一の争点となった通り、日債銀は最も財務基盤の弱い大手銀行だった。当局者たちは「長銀が債務超過と認定されたのに、日債銀が生き残れるのか」と息をひそめ、金融監督庁検査部による集中検査の帰趨《きすう》を見守っていた。

十一月十六日、検査部は日債銀に対し、一九九八年三月末時点で九四四億円の債務超過となっていること、さらに株の含み損を加えると実質債務超過額はさらに一八〇三億円拡大することを通告する。これを受けて監督部は、債務超過を解消するための資本充実策を一ヵ月以内に報告するよう命じた。破綻処理を視野に入れた「時限装置」が作動したのである。

日債銀をめぐっては、一年半前に大蔵省主導で「奉加帳方式」の救済策を半ば強引にまとめた経緯があり、大蔵省OBの窪田弘が同行の会長に就いていた。このため監督庁の容赦ない債務超過認定に、大蔵省は「行政への信頼を失わせる」と反発し、窪田も激しく抗議した。曰《いわ》く、検査結果は大蔵省当時の検査と整合性がとれない、税効果を勘案すれば資産超過であり、資金繰りにも問題のない銀行を破綻処理するのはおかしい――。

だが、長銀処理で自信を得た監督庁は微塵《みじん》も動じなかった。資産査定には全く問題がないと反論し、奉加帳についても「あれは大蔵省の問題であって、金融監督庁には関係がない」とあっさり割り切った。接待汚職の際、金融部局だけが調査対象になったことへの憤り、本省から切り離されたことへの悔しさと反骨心、今度こそ信頼を取り戻すという強い決意が複雑に絡み合い、監督庁全体を覆っていたのだ。

余命一ヵ月の宣告を受けた日債銀は、その後、中央信託銀行との統合に一縷《いちる》の望みをかけたが、瀕死の状態で合意に至るはずもなく、ただ時間だけが過ぎていく。

こうした中、金融国会での与野党合意を踏まえ、「金融再生委員会」が十二月十五日に発足する段取りとなっていた。独立性の高いこの行政委員会には、破綻処理に関するすべての権限が金融監督庁から移されるが、監督庁は再生委の発足前に日債銀を片づけることにした。発足したばかりの委員会が判断に迷い、処理が遅れるリスクを回避するためである。

十二月初旬、金融再生担当相に就いた柳澤伯夫の事務所に監督庁の幹部が集結した。事務方の説明を聞いた柳澤は、迷わず日債銀の特別公的管理を決断する。柳澤はこのあと大蔵省に電話を入れたが、宮澤は「役所の信義というものをどう考えるんですかね」と言っただけで、特に反対せず、もはや関心も示さなかったという。後日、大蔵省幹部が電話で激しく抗議したが、監督部は「大臣の決裁はもう下りている」と言って、受け付けなかった。

十二月十三日、政府は長銀と同じく金融再生法三六条に基づく特別公的管理の開始を決定、日債銀もまた一時国有化され、金融界から姿を消すことになる。

長銀、日債銀と大手行が相次ぎ破綻処理されたことは、「護送船団行政」の終結を金融界に強く認識させた。次はどこが狙われるかと疑心暗鬼が広がり、組織防衛に走る銀行の貸し渋りが全国に広がっていく。デフレ圧力は広まり、景気は急速に冷え込んでいった。

一九九九年（平成十一年）。冬晴れの年明けだった。

欧州単一通貨ユーロの誕生を世界が祝う中、日本では金融システム不安が再び高まり、ジャパン・プレミアム（邦銀向け上乗せ金利）も急拡大した。金融再生相から初代の金融再生委員長となった柳澤は、三月末までに不良債権処理にめどをつけ、ペイオフ凍結の期限である二〇〇一年三月末までに強靭《きょうじん》な金融システムを再構築する、と宣言した。

そのために必要なことは、一年前の佐々波委員会と同じ轍《てつ》を踏まないことである。少額横並びの資本注入によって国際的な信頼が揺らぎ、長銀と日債銀の破綻で公的資金そのものまで毀損《きそん》してしまった。この二の舞だけは許されない、と多くの当局者が心に決めていた。

金融再生委員会の下部組織となった金融監督庁は、まず格付けの低い大手行をターゲットに「今のままでは資本注入は難しい」と警告を発した。この結果、安田信託銀行が富士銀行の子会社となり、日債銀が接近を図った中央信託も一月十九日、三井信託銀行との合併で合意する。柳澤の狙う「資本注入をレバレッジ（テコ）にした金融再編」がスタートしたのだ。

再生委にとって「切り札」となったのが、一月二十五日に公表した不良債権の引き当て基準である。価値や回収に重大な懸念のある債権（三分類）には七〇％、要注意債権（二分類）のうち、融資条件を緩和するなど通常の度合いを超える危険性がある「要管理債権」には一五％の引当率を設定し、これを資本注入の前提条件にした。

米国の基準よりも高い引当率によって、不良債権処理を進めるとともに資本不足を炙《あぶ》り出し、公的資金の積み増しを促そうという狙いだ。当時の大手行の三分類の平均引当率は五〇％程度、二分類では平均二％にも達していない。金融界は驚き、一様に悲鳴を上げた。

この厳しい基準には、実は「伏線」がある。佐々波委員会が開かれていた一九九八年三月、元官房長官の梶山静六が提唱した「強制引き当て構想」だ。三〇兆円の資本注入枠の活用を促すため、梶山は三分類に七五％、二分類に二〇％の引き当てを強制すべきだと主張した。当時は基準が厳しすぎるとして当局に「黙殺」されたが、長銀処理をめぐる与野党の実務者協議を経て、一年後の金融再生委員会で事実上採用されたのである。

金融監督庁がこの梶山構想を参考に一九九八年三月末時点の実質自己資本比率を密かに試算したメモが残っている。強制引き当てを適用した場合、債務超過に転落する銀行が大手銀・地銀・第二地銀合わせて一三行、自己資本比率四％未満が二二行もあった。このため監督庁は再生委員会に採用を見合わせるよう訴えたが、委員長の柳澤は受け付けない。国際的な信用を取り戻すには、厳しい引き当て基準が必要だと言って、押し切った。

これにより、東京三菱を除く大手一四行と横浜銀行が総額七兆四五九二億円の公的資金を申請せざるを得なくなり、同時に行員や店舗、海外拠点の削減などを盛り込んだリストラ策を公約した。金融再生委は三月十二日に資本注入を承認、各行が自力で調達した約二兆六〇〇〇億円も含め、三月末までに一〇兆円の資本増強が図られることになった。

第二次公的資金投入をめぐっては、それでも不十分だったとの批判が後に噴出し、「柳澤バッシング」へとつながっていく。だが、一連の取り組みによって一九九七年秋以降の危機は一つの山を越えた、と日銀当局者の多くが再生委の功績を評価している。

七兆円を超える資本注入がもたらしたもう一つの効果が、金融界を覆った経営統合ラッシュである。公的資金を返済するには収益力を格段に高める必要があり、その手っ取り早い手段として大手行は迷わず再編へと突き進んだ。まず第一勧業、富士、日本興業が五月の大型連休中に経営統合に合意し、「みずほグループ」を結成。これに住友とさくらが合併で続き、東海・あさひ（旧協和埼玉）の経営統合に三和が加わる。このあとあさひはこの連合を脱退し、大和銀行とりそなグループを結成した。残った東海と三和は東洋信託を加えてＵＦＪグループとして発足することになった。二〇〇一年三月末の期限をにらんだ空前の再編ブームは、「柳澤流資本注入」のまさに副産物であった。

半面、破綻した長銀と日債銀の旧経営陣には苛酷な運命が待っていた。長銀の大野木克信ら三人が粉飾決算の容疑で、日債銀会長の窪田弘、頭取の東郷重興《とうごうしげおき》ら三人が虚偽の有価証券報告書提出の疑いでそれぞれ逮捕される。最長一二年に及ぶ長い法廷闘争の末、全員が無罪となり、巨額の公的資金を徒消した責任を問う「国策捜査」は不発に終わった。

苦し紛れのゼロ金利

一九九八年の暮れから翌九九年の初めごろ、第二次資本注入の動きと並行して、長期金利の急上昇という思わぬ事態が起きた。小渕内閣の積極財政に伴う国債の増発に加え、大蔵省理財局が九八年十二月、資金運用部での国債買い入れを年明けから中止することを決定したため、需給悪化懸念から長期金利が急上昇（国債価格は下落）したのだ。

「資金運用部ショック」と呼ばれるこの市場変動には、いくつかの偶然が重なっている。

資金運用部を管理する理財局は、国債の需給悪化を防ぐため、一九九六年六月から毎月二〇〇〇億円の国債を市場から買い上げてきた。しかし、バブル期に集めた定額郵便貯金が九九年以降に大量満期を迎えるため、資金運用部の金繰りを心配した一部の局幹部が国債の買い入れ停止を密かに決定、この情報が市場に漏れたのである。

情報流出を察知した理財局は、蔵相の記者会見が翌朝に予定されていることを知り、直ちに想定問答を用意する。だが、宮澤は渡されたペーパーを読まないまま、「大したことじゃない。大変なニュースかと言えば、そうではない」と記者団に言い放ってしまう。折しも国債の大量発行計画が公表され、需給悪化に警戒感を強めていた市場は、蔵相が金利上昇を容認したと受け止め、国債先物で一〇年ぶりのストップ安をつける大暴落を記録した。

実は、蔵相や主計局に対する買い入れ停止の事前説明は全く行われていなかった。宮澤が想定問答を読まなかったのも、「重大事案」として事前の耳打ちがなかったからだった。混乱が起きた後、理財局から説明を受けた主計局幹部は、「財政悪化に警鐘を鳴らすものだろう」と一定の理解を示したが、当の宮澤は「金融に疎い財政官僚の考えそうなことだ」と激怒し、担当者を厳しく叱責したという。

資金運用部ショックによる市場の動揺は年明け後も続き、長期金利は一時二%を超えるなどさらに上昇。日米金利差縮小を通じて円高・ドル安が加速し、併せて株価も急落するトリプル安へと発展していった。景気の先行きに暗雲が漂い、何らかの政策対応を求める声が、今度は日銀へと向かった。需給悪化が金利上昇の原因なら、日銀が国債を直接引き受けるか、あるいは市場からの買い切りオペを増額すればいいという主張である。

とばっちりとも言える無理難題に、日銀は慌てて反論に動いた。「(国債引き受けは)財政節度が失われ悪性インフレを招く」「内外からの信認が失われる」などと記した資料を自民党議員に配布して回る。一九九八年四月の新日銀法施行により、日銀は高い独立性を手にする反面、政治家と直に渡り合い、自力で説得しなければならなくなっていた。

だが、政治サイドの要求は激しさを増す一方だった。内閣の要である官房長官の野中広務が二月八日、「中央銀行として自ら市場の国債を買い取るなどいろいろな方途を通じて、現在の深刻な経済状況を打開する責任がある」と発言。総裁の速水優がこれに反論するや、野中は「日銀はいたずらに自分たちの職掌や法規にしがみつくのではなく、この国の経済がどうなるかを最優先して緊急事態に対応すべきだ」と激しい言葉で応酬した。

「弾丸」は米国からも飛んできていた。経済学者ポール・クルーグマンが前の年に日本の金融政策に関する論文を発表、デフレ下で金利がゼロに近づくと従来型の対応では効果が出なくなるため、インフレ期待を生み出すような政策を考えるべきだと提唱し、これに賛同する意見がこのころ国内でも強まっていた。さらに、ルービン米財務長官も非公式に国債引き受けの検討を日本側に促していたという。

みる間に追い詰められた速水だったが、長期国債の買い増しは中央銀行が政府の借金を賄う「財政ファイナンス」につながりかねないとして、絶対反対の姿勢を崩さない。このため目先の圧力をかわす、言わば窮余の策として出てきたのが、ゼロ金利だった。

一九九九年二月十二日の金融政策決定会合。八時間にも及ぶ議論の末、コールレートの誘導目標を〇・二五％から〇・一五％に引き下げ、さらに「市場の状況を踏まえながら、徐々に一層の低下を促す」ことを決めた。代わりに、国債の買い切りオペは現状維持とした。

いきなりゼロ金利を明示すると、コール市場から資金の出し手がいなくなり、金融市場が混乱する恐れがあるとして、対外的には曖昧な言い方にとどめたが、狙いはゼロ金利だった。決定会合ではその是非をめぐって、審議委員の間から「アリスの国のワンダーランドに足を踏み込む」「マーケットの未知の探検になる」といった不安の声が続出。速水自身も「十分な効果を持つか自信がない」「経験のないことで、何が起きるか若干不安がある」と口にし、副総裁で理論派の山口泰《ゆたか》までが「走りながら考えるより仕方ないのではないか」と話した。

関係者の一人は「金利ゼロの世界が本当に実現するのか、問題は起きないのか、誰もが不安を感じながら議論していた」と振り返る。

この四日後、市場の反応を見極めた速水は「ゼロでやれるならゼロでいい」と一歩踏み込む。宮澤もこの日、資金運用部による国債買い入れの再開を表明し、長期金利は急低下した。三月三日、日銀による連日の大規模な資金供給を受けて、コールレートは一時〇・〇二%まで低下。取引にかかる手数料を差し引くと実質的にゼロとなり、先進国では前例のないゼロ金利政策がついに実現する。

さらに、この一カ月後、政策効果を最大限に高めるという目的で、「デフレ懸念が払拭されるまでゼロ金利を継続する」ことを対外的に公約し、市場の「期待」に働きかける新たな手を打つ。これは「時間軸効果」と呼ばれ、FRBも九年後のリーマン危機の際に採用した。当時「時間軸」と名付けた企画一課長の雨宮正佳《あまみやまさよし》は、このときの経験を機に「ゼロ金利の先にどんな政策展開ができるのか」を常に考えるようになる。雨宮が異次元と呼ばれる大規模緩和の中枢を担うのはこの一四年後のことである。

遡れば、国債管理政策の些細《ささい》なミスが「資金運用部ショック」を招き、巡り巡ってゼロ金利の世界へと日本経済を導いた。郵貯、簡保、年金資金を原資とする資金運用部は二〇〇一年、財政投融資改革に伴って姿を消した。

ゼロ金利の導入から半年。連日三〇度を超える厳しい残暑が続いていた九月十六日、宮澤が速水に電話で会談を持ちかけた。一ドル＝一〇三円まで進んだ円高・ドル安を食い止めるため意見交換しようというのだ。宮澤は速水と会うことを首相の小渕恵三にも報告した。

宮澤の狙いは日銀に追加緩和を実施させ、これを材料に米財務省に為替市場への協調介入を働きかけることだった。蔵相周辺によると、宮澤を動かしたのは国際局による再三のレクチャーで、その国際局は「非不胎化《ひふたいか》介入」の実現を虎視眈々《こしたんたん》と狙っていた。

政府・日銀が円売りドル買い介入を行う場合、市場に出た円が金融政策に影響を及ぼさないよう、日銀は介入と同額の資金を吸収して相殺する。これを「不胎化介入」という。これに対し、介入資金を吸収せずに放置しておけば、その分緩和を進めたのと同じ効果を持つ。これを「非不胎化介入」と呼び、国際局は日銀に実施させようと目論んでいた。

金本位制の時代、金の過剰流入が「インフレの種」を身籠《みごも》らないよう介入する政策を「不胎化」と呼んでいた。日銀は「金本位制ならともかく、管理通貨制の下で非不胎化など意味がない」と考え、国際局を全く相手にしなかった。片や「非不胎化」でも何でもいいから、円高阻止のため日銀に動いてほしい、というのが宮澤の本音だった。

異例の蔵相・総裁会談は、午後四時から皇居お濠端のパレスホテルで行われた。出席者によると、「今の円高は行き過ぎ」との認識では一致したが、宮澤が「何か考えて頂けませんか」と水を向けた途端、同行してきた日銀幹部たちが「非不胎化介入はおかしい」と論陣を張り、特に合意もないまま五〇分程度で終わった。蔵相と日銀総裁が会って、危機感を共有していることを内外に伝えることが狙いだったのか、と蔵相側近らは首をかしげた。

だが、宮澤の真意は別にあった。「わざわざ外出し、衆人環視の中で会談まで行った以上、あとは事務方が緩和実現に向けて動くに違いない」と思い込んでいたのだ。日銀の次の金融政策決定会合は五日後にセットされている。大蔵官僚たちは大慌てとなった。

片や、頼み込まれた速水の心も揺れていた。かねてから宮澤を尊敬し、政策決定の際にはまず真っ先に電話を入れ、報告していた。円高で苦境に立つ蔵相の思いは痛いほど分かる。だが、日銀執行部は「ここは現状維持しかない」と懸命の説得を続ける。

金融政策決定会合の前夜、黒塗りのハイヤーが日銀本店に滑り込んだ。宮澤直筆の手紙を託された秘書官が届けに来たのである。「金融緩和に踏み切れば協調介入の環境が整うと米財務省は言っている。考えて頂けないか」――。宮澤は土壇場で直接、総裁に訴えた。

九月二十一日の金融政策決定会合。速水は悩みぬいた末に、事務局のぎりぎりの説得に折れ、現状維持を選択する。速水は終了後すぐ大蔵省に電話を入れた。「お手紙まで頂きましたが、熟慮に熟慮を重ねた結果、こういうことに致しました」。宮澤は肩を落とし、首相の小渕に電話でこう詫《わ》びたという。

「頼りない大蔵大臣で申し訳ありません。今夜は布団をかぶって寝ます」

バブル期の反省を踏まえ、為替相場に金融政策を割り当てない――とする三重野以来の「伝統」が貫かれ、対する大蔵省国際局では、そんな頑《かたく》なな日銀に不信感が募っていく。その中心にいたのが、当時財務官に就任したばかりの黒田東彦だった。

大量破綻、そしてペイオフ延期

柳澤伯夫率いる金融再生委員会は、一九九九年三月の第二次資本注入のあと、第二地方銀行の大掛かりな処理に取りかかっていた。ペイオフが解禁される二〇〇一年四月までに、不健全な金融機関を退出させ、強い金融システムを再構築するとの方針の下、厳格な資産査定を銀行に迫る「金融検査マニュアル」が導入され、苛烈《かれつ》な検査が各地で行われた。

まず四月に東京の国民銀行が資金繰り破綻し、八千代銀行に営業譲渡された。六月には幸福銀行が銀行で初の早期是正措置を受けた上で破綻、東京相和銀行もこれを追うように破綻した。八月には、福徳・なにわ銀行が合併して誕生したなみはや銀行が破綻。十月には新潟中央銀行も資金繰り破綻し、内国為替決済で債務不履行に陥るという前代未聞の事態を起こす。いずれも多額の不良債権を抱え、なみはやを除く四行が同族経営だった。

このうち新潟中央は、日銀が資金の出し手に「口添え」をしなければ資金調達できないほど綱渡りの状態が続いていた。だが、経営陣が土壇場で破綻処理を渋ったため、日銀は口添えを止めてそのまま放置。新潟中央は瞬く間にコール資金が取れなくなり、銀行間の債権債務決済を行う日銀当座預金口座に九八億円の穴を開けたのである。

内国為替決済のデフォルトは史上初で、市場関係者の間に衝撃が走ったが、当時は公的資金による全債務保護の方針が採られていたため、三洋証券のような混乱には至らなかった。九八億円の穴は日銀が立て替え払いし、史上初めて六%の違約金を新潟中央に課した上で特融を使って回収した、と日銀の内部資料に記されている。

一方、保険会社の破綻もこのころから増えていった。六月に東邦生命が破綻し、翌年五月に第一火災海上、第百生命、八月に大正生命、十月に千代田生命と協栄生命が立て続けに破綻し、保険契約者にショックが広がっていく。

だが、第二地銀や保険会社以上に破綻ラッシュに見舞われたのが信用組合である。

預金保険機構によると、一九九八年度に破綻した二九の預金取扱金融機関のうち二五件が信用組合で、九九年度上半期にも七組合が破綻した。信用組合の不良債権比率は九九年三月末で一二・二％と他業態より飛び抜けて高く、全国規模で預金の流出が静かに続いていた。

信用組合の監督権限は都道府県にあるが、二〇〇〇年四月に金融監督庁に移ることが決まっていた。このため監督庁は全国二七〇組合の一斉検査を行い、ペイオフ解禁に備える計画を立てていた。そんな矢先、ペイオフ凍結の声が突如、与党自民党から噴き出した。

「このままでは予定通り実施というわけにいかない。延期を含めて検討する」

最初に声を上げたのは、十月の内閣改造で政調会長に就いた亀井静香《かめいしずか》だった。このとき柳澤に代わり、第二代金融再生委員長に就いた越智通雄《おちみちお》が、亀井発言の二カ月後にさらなる波乱を巻き起こす。

「小さな金融機関をどうするか。資産一〇〇兆円の大きな金融機関と数百億円の信用組合を同じ組織論で処理していいのか危惧している」

金融再生委員長のこの発言で、ペイオフ延期論が一気に強まった。十二月十六日の与党三党の会合に呼ばれた地銀、第二地銀、信用金庫、信用組合の代表がそろって「解禁時期を延期してほしい」と訴え、自民党主導で延期への流れが加速していく。

ペイオフ論議の歴史は古い。一九七一年に預金保険法が制定されたころは、元本一〇〇万円までしか保護されなかった。その後郵便貯金の預入限度額並みの一〇〇〇万円に引き上げられたが、いざ金融破綻が起きると、抜くに抜けない「伝家の宝刀」となっていた。

遡れば、東京二信組問題が日銀内で議論され始めた一九九四年、当時預金保険機構の理事長を兼ねていた副総裁の吉本宏《よしもとひろし》が、安全信組へのペイオフ適用を強く主張したことがある。「破綻したらペイオフ」という原則にこだわる幹部は、吉本以外にも複数いた。しかし、情報開示が不十分なままペイオフを実施した場合、預金者の不安が他の金融機関に飛び火し、大混乱を引き起こすと現場が猛反対し、採用されなかった。

二信組処理後の一九九五年六月、大蔵省銀行局は二〇〇一年三月末までペイオフを凍結し、「遅くとも五年以内に預金者について自己責任原則を問いうる環境整備を完了する」と宣言する。〇一年三月末は金融システム健全化を達成する「期限」となっていたのである。

こうした経緯もあり、大蔵省内ではペイオフを予定通り実施すべきだとの意見が大勢を占めていた。宮澤自身も記者会見で問われれば「従来の方針で行く」と繰り返していた。

暮れのある日、大臣室に幹部が集まり、この問題を集中討議する機会があった。出席者によれば、「金融行政にタッチしたことのある人間は例外なく延期に反対した」という。だが、宮澤はなかなか「うん」と言わない。ひとしきりやり取りしたあと、意外な言葉が出た。

「うまくいっているのに、何も平地に乱を起こすことはないだろう」――。

小渕内閣の積極財政とゼロ金利、それにITバブルと呼ばれる米国の株価上昇を背景に、景気は回復の兆しを見せていた。そんなときにわざわざペイオフ解禁で混乱の種を蒔くことはなかろう、というのが大臣の考えだった。

これに対し、幹部たちは「早く規律を回復すべきだ」「国際的な信用にも関わる」と譲らない。宮澤は「金融の専門家の諸兄がそこまで言われるのなら、まあ従うことにしましょう」と納得してみせたが、その後の展開をすべて読み切っているようでもあった。

暮れも押し詰まった十二月二十九日、与党三党はすべての金融機関を対象にペイオフ解禁時期を一年延期することで合意する。宮澤も「やむを得ない」とあっさり応じた。

長年掲げられてきた目標は先送りされ、張り詰めていた緊張の糸も緩んでいった。

「解除の失策」から量的緩和へ

二〇〇〇年（平成十二年）。コンピューターの誤作動で社会生活が混乱すると懸念された「二〇〇〇年問題」も軽微なトラブルで済み、経済は回復への歩みを徐々に強めていた。

一年近いゼロ金利政策を経て、日銀総裁の速水は年明けから解除を考え始めていた。金利ゼロは明らかに異常で、そもそも長期金利上昇を抑えるための緊急避難措置だった。一刻も早く正常化しなければならない、と思いつめていた。老総裁の強い意欲は、時に記者会見で「本音」となって溢れ出し、春以降、「いつ解除するか」が注目の的となっていく。

これに対し、宮澤はゼロ金利解除に一貫して否定的だった。景気回復の動きはあるものの、消費者物価はマイナスが続き、デフレ懸念も消えていない。事務方との議論で、宮澤は「速水さんの気持ちは分かる」と言いながらも、ペイオフの際と同じ発言を繰り返した。

「うまくいっているのに、何も平地に乱を起こす必要はない」

当初七月中の解除を目指した速水は、宮澤に直筆の手紙を送り、ゼロ金利がいかに異常で恥ずかしいことなのかを切々と訴える。だが、七月十二日に大手百貨店そごうが民事再生法の適用を申請し、市場に動揺が広がる。その翌日、今度は宮澤が速水に電話を入れ、沖縄サミットを控えており、森喜朗《もりよしろう》首相の顔を立て、今回は見合わせてほしいと要請した。

そごうを理由に、しばらく様子を見るよう事務局が説得したこともあり、速水は渋々見送りに応じた。だが、宮澤とのやり取りで「八月以降の決定には了解を取り付けた」と一方的に解釈していた。宮澤はもちろん、八月も九月以降も解除を認める気は毛頭なかった。

新日銀法で、日銀の独立性は飛躍的に高まったが、同時に「政府の経済政策の基本方針と整合的なものとなるよう、常に政府と連絡を密にし、十分な意思疎通を図らなければならない」（新日銀法四条）と定められている。政府には議決延期請求権が与えられ、日銀に「無言の圧力」をかけられる法的仕組みが組み込まれていた。

宮澤は「八月にやるつもりだ。国会内で僕をみつめる速水さんの目がそう訴えている」と周囲に話し、対抗措置の検討を指示した。大蔵省内で反対の急先鋒《きゅうせんぽう》だったのが、財務官の黒田東彦である。黒田は大臣官房幹部を自室に呼び、円高是正に協力しない速水を批判した上で、「ゼロ金利解除は間違っている。迷わず議決延期請求すべきだ」と何度も繰り返した。

解除反対の声は永田町にも広がっていった。八月に入ると政調会長の亀井らが反対を表明し、山本幸三や渡辺喜美《わたなべよしみ》ら物価目標の設定を求める「インフレターゲット派」の議員が学者らとともにゼロ金利解除反対の緊急声明を出し、日銀本店に出向いて提出した。

首相の森も解除には絶対反対だったが、宮澤から「私に任せてほしい」とやんわりクギを刺されていた。森の意向を再確認した八月のある日、宮澤は幹部を集めて言った。

「総理大臣の意向は重い。（ゼロ金利解除を）やめろという総理の方針に反して、日銀総裁がやるということはあってはならない。議決延期請求権を発動しなさい」

宮澤は「これで同意したら政府も誤りを共有することになる」とも言った。大蔵省はそんな厳しい空気を日銀側にも伝えたが、日銀の企画担当幹部は「議決延期請求だけは勘弁してほしい」と言うばかりで、実際は速水の一念に困り果てていた様子だった、という。

東京の最高気温が三三度を超えた八月十一日。注目の金融政策決定会合で、速水はゼロ金利を解除し、コールレートの誘導目標を〇・二五％に引き上げることを提案。村田吉隆《むらたよしたか》大蔵総括政務次官ら政府側が議決延期を請求したが、反対多数で否決され、このあと速水の提案が賛成多数で可決された。政府側にとって議決延期請求は、最大級の反対表明である。否決はされたものの、請求権発動を聞いた黒田は、「よくやった」と手放しで喜んだという。

黒田は後に「デフレが続いている中で、なぜゼロ金利政策の解除をやるのか全く理解を超えていた」と経済社会総合研究所の口述記録で日銀を批判している。

一方、政府の反対を押し切り、ゼロ金利解除を成し遂げた速水はすこぶる上機嫌だった。三重野以来、実に一〇年ぶりの利上げである。この日の夕刻、速水は「打ち上げ」と称して総裁室に執行部の主要メンバーを集め、用意したシャンパンを抜いて祝杯をあげた。

ただ、高揚した総裁の話しぶりに、集まったメンバーの多くが違和感を覚え、副総裁の山口泰に至っては「不謹慎だ」と怒ってこの場に顔を出さなかった。

老いの一徹とも言える速水の決断はしかし、その後、完全に裏目に出た。米国でITバブルが破裂し、日本でも九月以降、株価の下落が続き、景気に変調を来《きた》した。暮れになると、日銀執行部は「逆向きの一手」を模索せざるを得なくなっていた。

執行部には二つの選択肢があった。一つはゼロ金利への単純な復帰。もう一つはこれまでの金利操作と訣別し、資金の量を操作目標とする量的緩和に移行することである。ゼロ金利復帰は分かりやすいが、緩和はそこで打ち止めとなる。速水の責任論に発展することも予想された。これに対し、量的緩和はその効果こそ判然としないものの、必要に応じて拡大できる「政策拡張性」という利点があった。ゼロ金利解除を決めた総裁たちのメンツも守られる——。執行部は時間をかけ、慎重に検討を進めていった。

年が明けて二〇〇一年（平成十三年）。一月には橋本行革で決まった省庁再編が実施に移され、大蔵省は「財務省」に名称変更された。一月には米連邦準備制度理事会（FRB）が利下げに動き、日銀に対する金融緩和圧力はますます強まっていく。

二月九日の金融政策決定会合で、公定歩合の〇・一五％引き下げが決まった。わずか半年での方向転換に、企画ラインの誰もが「ゼロ金利解除は失敗だった」と総括せざるを得なくなる。宮澤もこの日、「日銀は判断ミスを責められるでしょうねえ」と周囲に漏らしている。

続く二月二十八日の決定会合。ここで波乱が起きた。大多数の委員が追加緩和を求めたのに対し、速水一人が「きょうのところは現状維持がいい」と発言したのだ。このままでは議長提案が反対多数で覆されかねない——。慌てた事務局が昼休みに速水を説得し、午後の審議で公定歩合とコールレートを〇・一％引き下げる案を速水に出させたのである。

表向き議長提案という形を取っているが、実態は、総裁の意見が午前と午後で一変する

「朝令暮改」だった。日銀幹部は「執行部は必死に説得した。総裁の意向に従い、組織そのものが崩壊してはたまらないと思った」と振り返る。

この二十八日の会合で速水は完全に指導力を喪失した。が、ゼロ金利への単純な復帰にはその後も抵抗を続ける。このため執行部は、速水だけでなく、量的緩和を期待する政府・自民党の「双方にとって受け入れ可能なパッケージ」の取りまとめを急いだ。関係者の一人は「すべては総裁を説得するためのプロセスだった」と回想する。

パッケージ作りでは、まずコールレートをゼロ%近辺まで引き下げること、さらに消費者物価上昇率が安定的にゼロ%以上になるまで緩和を続ける「時間軸政策」、長期国債オペの増加と必要なパーツを積み上げていき、最後に「量」を追加した。幹部は「量を入れないと総裁も世間も納得しないので、その部品を最後に入れた」と打ち明ける。誘導目標は現金と日銀当座預金の合計額であるベースマネーではなく、日銀が直接コントロールできる当座預金残高とした。

実質的にはゼロ金利政策への回帰だったが、速水には最後までそう言わず、あくまでも量的緩和であるとの説明を貫いた。速水が納得したのは三月十日ごろだったという。

政府が戦後初の「デフレ宣言」を出してから三日後。十九日の金融政策決定会合で、誘導目標を当座預金残高とする量的緩和への移行が決まった。あくまでゼロ金利への復帰が筋だとして、土壇場まで審議委員を説得していた副総裁の山口泰も、最後は賛成票を投じた。ただ、決定会合で山口はこんな発言をした。「イリュージョン（幻想）を利用して、そういう説明をすればするほどリスクも大きくなる。そのリスクを十分頭に置いておく必要がある」――。市場の期待に働きかけるという、その後の政策展開に対する一つの警告だった。

実際、日銀内部からは、事実上のゼロ金利と量的緩和が混在する「不整合で分かりにくい政策」だとして批判の声が上がり、「保身のためゼロ金利に戻さなかった判断は間違っている」と上層部に抗議する者も出た。民間人となった前副総裁の福井俊彦も後日開かれた会で、「量的緩和には意味がない」と企画担当幹部を批判し、激しい口論になったという。

これに対し、大胆な量的緩和によって経済再生を図るべきだと訴える「リフレ派」は、この決定で俄然勢いづいた。早くからインフレ目標の設定と量的緩和を訴え続け、決定会合で孤立してきた審議委員の中原伸之《なかはらのぶゆき》は、この日の日記に喜びをこう記している。

〈満二年に渡る余の提案が、ほぼ悉《ことごと》く実現したことになる。我が事成れり。速水氏以下、増渕氏ら企画が量のレジームに臆面《おくめん》もなく転向〉

速水は、それから一ヵ月もせず宮澤にひっそりと辞意を伝え、後任に福井を推した。宮澤はこの場でいったん了承したが、この事実が新聞で報道されたとき、首相の森は既に辞意を表明し、自民党総裁選が始まっていた。政治の空白期に日銀総裁人事などできない、と宮澤は秘書官に説得され、結局、前倒し辞任は立ち消えとなった。

「竹中プラン」はこうして生まれた

森退陣の後、国民の高い支持を受けた小泉純一郎《こいずみじゅんいちろう》内閣が誕生し、再び構造改革が叫ばれるようになる。長く経済運営の中心にいた宮澤は表舞台から去り、経済財政諮問会議を活用した官邸主導の政策決定プロセスが徐々に形作られていった。

だが、高い支持率とは裏腹に、経済は悪化の一途を辿り、九月十一日の米同時多発テロ事件を機に内外の景気は一段と冷え込んでいく。

不良債権も再び膨張を始めていた。それまで累計で八〇兆円以上も処理してきたにもかかわらず、デフレ進行に伴う新規発生分に加え、ゼネコン、不動産、流通、ノンバンクなど大口融資先の延命を図るため、金融機関が「追い貸し」に走り、それが景気悪化とともに不良債権化していったのである。日銀が後にまとめたペーパーに次のような記述がある。

〈現在もなお不良債権の新規発生が高水準で続いていることをバブルの崩壊という要因だけで説明することは難しくなってきている。（中略）「バブルの負の遺産の処理」だけでなく、

「産業構造や企業経営の転換・調整圧力を背景に新規に発生する不良債権への対処」という性格も加わりつつある〉（日銀作成ペーパー「不良債権問題の基本的な考え方」より）

このため累増し続ける不良債権の最終処理が財政構造改革と並ぶ小泉政権の主要政策に位置づけられ、その切り札として柳澤伯夫が金融担当大臣に再登板した。

金融監督庁は二〇〇〇年七月に金融庁に組織変更され、〇一年一月の金融再生委員会の廃止に伴い、金融部門の規制や制度設計から破綻処理まですべてを担う組織となっていた。

柳澤は、既に不良債権に分類されているものは二年以内、新たに分類されたものは三年以内に金融機関のバランスシートから落とす「二年・三年ルール」を設ける。さらに、自己査定した不良債権について一年以内に五割、二年以内に八割を処理する「五割・八割ルール」も策定。大口融資先への引き当て状況を調べるため「特別検査」も実施した。

柳澤の行政手法は、緻密で堅実だった。自ら資料を書き、それを基に行う小泉への定期報告は「時に総理も理解できないほど技術的で細かい」と言われたが、その豊富な金融知識と実務能力には小泉も信頼を寄せていた。ただ、肝心の「結果」がなかなか出ない。

「特別検査で調べ上げ、二つのルールを厳格に適用すれば不良債権は必ず激減する。水も漏らさぬ枠組みだったが、効果が出るには時間が必要だった」と金融庁幹部は述懐する。

そんな柳澤を厳しく批判したのが、慶應義塾大学教授から経済財政担当相に就いた竹中平《たけなかへい》蔵《ぞう》である。遅々として進まない不良債権処理こそが景気低迷の原因だとして、予防的、強制的に公的資金を注入し、金融機関を一時国有化してでも処理を断行すべきだと主張する。日銀総裁の速水や財界首脳も、経済再生には公的資金の再投入が必要だと繰り返し訴えた。

だが、柳澤は一貫して再投入反対の構えを崩さない。公的資金を必要とするような危機にはないというのが理由だったが、竹中らの目には、一九九九年の第二次資本注入が不十分だったことを認めたくないからではないかと映った。柳澤をよく知る金融庁幹部は「そういう側面も否定しないが、まず銀行を追い込むことが先決だという強固な信念が大臣にはあった。軽々に再注入などと言うと、銀行経営者が緩むと思っていた」と反論する。

柳澤と竹中の対立が続く中、株価はさらに下落し、決算期末ごとに再び金融不安が囁かれるようになる。銀行融資もメガバンクを中心に大幅に減少、全国の中小・零細企業から怨嗟の声が上がり、自殺者も増加した。「金融」は小泉政権にとって唯一最大の弱点となった。

二〇〇二年（平成十四年）。株価の低迷は続き、七月に一万円の大台割れ、九月には九〇〇〇円割れ寸前となる。対応を求められた日銀は九月十八日、金融システム安定化の名目で、銀行が大量に保有する株式を最大二兆円買い取る驚きの策に打って出た。

株価対策ではなく、銀行経営から株価変動リスクを切り離し、金融システム不安を和らげるのが目的、と日銀は説明した。民間株式の保有は世界の中央銀行にも例がなく、長く「禁じ手」と考えられていたが、追加緩和の道が狭まる中、企画や考査など複数の部局から同種の提案が上がり、短期間のうちにまとめられた。中心的役割を担った担当理事の三谷隆博《みたにたかひろ》は、「株価が下がり、自己資本比率が悪化し、それでまた（銀行が）株を売るという悪循環をどこかで断ち切るべきだと以前から考えていた」と話している。

この日銀の「非常事態宣言」を受けて、不良債権の処理をめぐる竹中と柳澤の論争はますます激しさを増した。さらに、米国からも早期の最終処理を迫られた小泉は九月三十日、ついに柳澤を解任し、竹中に金融担当相を兼務させるサプライズ人事に踏み切る。竹中が唱えてきた「急進改革路線」を選択し、それを竹中本人に託したのである。

小泉から一カ月以内の対策取りまとめを指示された竹中は、まず翌春に迫ったペイオフ解禁を二年再延期すると決定。その上で、同じく柳澤を批判していた日銀出身のコンサルタント木村剛《きむらたけし》や前日銀審議委員の中原伸之、日本公認会計士協会会長の奥山章雄《おくやまあきお》ら有識者五人から成るプロジェクトチームを立ち上げ、「加速策」の検討に着手した。

竹中はまた速水と会い、インフレ目標とアコード（政策協定）の締結を提案する。速水は即座に拒否したが、アコード論はやがて大きな波となり、日銀に押し寄せることになる。

プロジェクトチームの初会合は十月三日夜に開かれた。委員からはさまざまな案が出たが、前半の論議をリードしたのは四十歳の元日銀マン、木村剛だった。木村は資産査定、自己資本、ガバナンス（企業統治）、公的資金など要検討項目を列記した論点メモを提出し、改革案の方向性を示していく。メモには、改革のスケジュールとして「平成十五年（二〇〇三年）三月期より適用開始する」と記されていた。

木村メモは、実は竹中と副大臣の伊藤達也《いとうたつや》と三人で事前に作ったものだった。伊藤は自民党経済産業部会長だったころ貸し渋り問題で木村と知り合い、舌鋒鋭く銀行を批判するその専門性に着目していた。伊藤はその後、竹中に木村を紹介し、五月の大型連休明けから勉強会の形で改革案の検討を始める。「問題の本質は銀行の甘い資産査定と脆弱《ぜいじゃく》な自己資本にある。検討した中で一番の『剛速球』があの木村メモだった」と伊藤は述懐する。

通称「竹中チーム」は、その後ほぼ三日に一度のペースで開かれていった。委員と金融庁との議論が白熱し、「今が危機でないというような金融庁はやめてしまえ」「銀行は少し痛い目に遭わせた方がいい」といった感情的な発言が飛び出したり、逆に金融庁幹部が委員に直接電話をかけ、「不利益変更はできませんから」とクギを刺したりする場面もあった。

十月十八日の会合では、元日銀審議委員の中原がそれまでの主張を整理する形で①資産査定・引き当て基準の厳格化②繰り延べ税金資産の算入制限③二〇〇四年度末までに不良債権を一掃——などを盛り込んだ私案を提示。これに対し、公認会計士協会の奥山が「税効果会計（繰り延べ税金資産）を変更する必要はなく、会計監査を厳格に実施すれば問題は解決する」と書いたペーパーで対抗し、金融庁幹部も「今あるルールで銀行は経営している。猶予期間を置くべきだ」と援護射撃した。竹中は「監査法人も金融庁事務方も無謬《むびゅうせい》性にとらわれていた」と当時を振り返り、事務局のメンバーも「一人ひとりが言いっぱなしで、議論は拡散していた」と回想する。

もっとも、改革案そのものは会議室の外で、竹中ら少人数で極秘に練り上げられていった。木村や中原が提案した改革ツールの効果と副作用について、伊藤が金融庁の課長からヒアリングしながらパソコンの中でまとめていく。伊藤は改革案を大きく七段階に整理し、金融庁事務方から出てきた案を「一番下のレベル」に置いた。後に「金融再生プログラム」と名付けられる加速策の骨格は、その実、十月十一日の夜には固まっていたという。

ほどなく報じられたその概要に金融界は大揺れとなった。

改革の対象を主要銀行に絞った上で、不良債権比率を半分に引き下げるという高いハードルを掲げ、ディスカウント・キャッシュフロー（DCF）と呼ばれる米国流の引当方式の導入などにより資産査定をさらに厳しくする。銀行が提出した経営健全化計画が未達成なら経営責任を問い、必要なら国が過去に引き受けた優先株を議決権のある普通株に転換する案も盛り込まれていた。

とりわけ金融界に衝撃を与えたのが、中原と奥山の間で論争となった「繰り延べ税金資産」の圧縮だった。不良債権処理で引当金を積む際、銀行は法人税をいったん納めるが、引当先が倒産すると損金と認定され税が還付される。この税の戻りを「繰り延べ税金資産」と呼び、自己資本に一部算入することができる。だが、加速策ではこの算入が過大だとして、米国並みに歯止めをかける方針を打ち出した。そのまま適用すると、多くの銀行が自己資本不足に陥り、公的資本の注入により国有化に追い込まれる、と頭取たちは身構えた。

実際、伊藤は国有化により経営陣を刷新すべきだと考えていた。伊藤の事務所には銀行関係者から抗議の電話が相次ぎ、委員の中原伸之は旧知のメガバンク首脳から「国有化できるものならやってみろ」と、大変な剣幕で抗議されたのを覚えている。

十月二十一日夜、竹中は伊藤らとともに官邸を電撃訪問し、小泉に改革案の概要を説明した。配られたペーパーには、二〇〇三年三月期、つまり今期決算から適用すると記されていた。同席した金融庁長官の高木《たかぎ》祥吉《しょうきち》が「必要性は分かるが、いきなり適用はできない。メガバンクも国際業務ができなくなり、トヨタやソニーにも影響が及ぶ」「メガバンクが倒れたら危機が生命保険にも及ぶ。生保には十分なセーフティネットがなく、大変な事態になる」と激しく反論。このあと、年度途中のルール変更はできないと内閣法制局が判断し、竹中は次年度からの適用を目指すことになる。不良債権比率の半減目標についても、「今期中」

「次年度中」との意見も出されたが、最終的に「二年半後」とすることで後に落ち着いた。

この夜の説明に対し、小泉は「竹中大臣の基本方針に沿ってやってくれ」と言い、「混乱のないように」「自民党にもよく説明するように」と二つ注文を付けた。竹中は翌二二日、自民党役員会で説明したが、激しい反対に遭い、予定していた中間報告はできなかった。

十月二十四日。竹中チームの第八回会合の後、竹中は有識者五人にこんな話をする。

「表に案が出たので自民党も大きくはひっくり返せない。ただ、繰り延べ税金資産だけはどうにかならないかということで、ここ数日いろいろなことが起こると思う」

実際、金融界の反発は日増しに激しくなり、翌二十五日には主要七行が竹中案に反対する共同声明を発表、行政訴訟も辞さない構えを示した。三井住友頭取の西川善文《にしかわよしふみ》は「公的資金の注入が自己目的化している。許せない」と非難し、住友信託社長の高橋温は「我が国が法治国家かどうかが問われている」とまで言った。まさに一触即発の状態だった。

結局、最も抵抗の強かった繰り延べ税金資産については、二十八日に関係閣僚と自民党との政治折衝が行われ、見直しの時期を曖昧にする「実質先送り」で決着する。ただ、繰り延べ税金資産は「資本性が脆弱」との認識に立ち、監査法人に厳正な監査を求める方針が原案通り盛り込まれたのは大きかった、と伊藤は話している。

一ヵ月弱の「短期決戦」を回想し、竹中は、「木村さんや中原さんに高い球を投げてもらい、最後に『まあこの辺で』と言いながら、できるだけ高いところで着地させる。そういう手法を取った」と話す。その上で、「勝負は資産査定にＤＣＦを導入し、それを実施するための統一指針を作り、きちんと検査に反映させることだった。繰り延べ税金資産に注目が集まったお陰で、すっと通った。これで行けると思った」と述懐する。

繰り延べ税金資産の扱いで最後に譲歩し、それ以外は原案通り実現させる作戦を立てていたというのである。伊藤も「高い球を投げてハレーションが起き、それぞれが妥協して落とし所を探す。みんなで歌舞伎《かぶき》を演じた」と話し、最終的にまとまった案は「七段階のうち上から三番目のレベルだった」と打ち明けた。

十月三十日、不良債権処理を加速するための「金融再生プログラム」が発表された。Ａ４判一〇枚の文書を書き上げたのは伊藤である。新聞やテレビから、当初案に比べ大きく後退したと批判されたが、そこに組み込まれた数々の仕掛けは、このあと徐々に威力を発揮することになる。また、不良債権処理に合わせ、負債を抱えた企業の再生も必要だとして、財務省の提唱により設立された「産業再生機構」は、二〇〇三年からの四年間でダイエーやミサワホームなど四一件の再生を支援した。

一方、大手銀行は、竹中プランに大きな不満を抱きながらも、このあと不良債権の大量処理に動き、自己資本低下による国有化のリスクを回避しようと増資に奔走する。

東京三菱は普通株で三六〇〇億円、三井住友は優先株で三〇〇〇億円、みずほは優先株で一兆円に上る空前の増資を実施。取引先三四〇〇社を対象にしたみずほの「奉加帳増資」をめぐっては、竹中自身が不当な圧力が引き受け先に働いていないか細かくチェックしていた、と金融庁幹部は打ち明ける。

また、三井住友銀行は増資に続いて、旧さくら銀行傘下のわかしお銀行を存続会社とする「逆さ合併」に踏み切り、金融界をあっと言わせた。三井住友銀行を消滅会社にすることで二兆円の資本準備金を取り崩し、不良債権処理に充てるという奇策だった。一九九六年の太平洋銀行破綻に際し、さくら銀行が渋々創設した受け皿銀行が、三井住友銀行が生き残るための「切り札」となったのである。

りそな銀行救済の裏で

二〇〇三年（平成十五年）のゴールデンウィークは曇りがちで、気温も上がらなかった。平均株価は連休入り直前に七六〇七円八八銭のバブル後最安値を更新し、金融再生プログラムの効力に疑問の声も出始めていた。

そんな大型連休が明けた五月六日、火曜日の昼過ぎのことである。

メガバンクの一角を占めるりそな銀行が三月期決算で過小資本に陥ったとの情報が、金融庁にもたらされた。この日、りそなの監査を担当する新日本監査法人が、繰り延べ税金資産の圧縮を通告し、りそなの自己資本比率が四％の国内基準を下回る見通しとなった。りそなは再考を求めたが、新日本の姿勢は固く、慌てて金融庁に泣きついたのである。

りそな銀行は、大和銀行とあさひ銀行が合併してこの年の三月に発足したばかりだった。大和銀行はニューヨークでの巨額損失事件で海外から撤退した後も不良債権処理が遅れ、関西の地方銀行と組んで生き残りを図ろうとしていた。片や、協和銀行と埼玉銀行の合併により誕生したあさひ銀行（協和埼玉銀行から商号変更）も経営体力に乏しく、さまざまな風評に悩まされていた。いわば「弱者連合」として誕生したりそな銀行は、金融庁にとって「残された数少ない問題銀行の一つ」（監督局幹部）だった。

新日本監査法人からの通告は、りそな側が見込んだ五年分の繰り延べ税金資産のうち、三年分しか認められないというものである。りそなの今後の収益計画には疑問があり、資本への算入を認めても三年分が精いっぱいだという判断だった。これに従えば二〇〇三年三月末の自己資本比率は二％台に急落し、国内基準の四％を下回る。

この判断はしかし、りそなにとって青天の霹靂《へきれき》だった。りそなホールディングス社長の勝《かつ》田泰久《たやすひさ》は後に国会で「五月に入ってから方針を変えると言ってきた。四月中には何ら聞いていなかった」と答弁した。だが、突然の方針変更にはそれなりの訳がある。

新日本とともに当初りそなを共同監査する予定だった朝日監査法人が、四月末で監査から突然下りていたのだ。もともと旧あさひ銀行を受け持っていた朝日監査法人は、焦点の繰り延べ税金資産について、三年分どころか、全く認めない「全額否認」の厳しい方針を四月二十二日に決め、三十日に監査を辞退するとりそな側に通知した。

共同監査の相方である朝日監査法人が認めなかった繰り延べ税金資産を、りそなの言う通り五年分認めていいのか。仮にこれを認めた上で、りそなが破綻した場合、株主から訴訟を起こされるのではないか――。悩んだ末に、繰り延べ税金資産を一部圧縮する監査方針案が新日本監査法人の理事長に上がったのは、朝日が監査辞退した翌日の五月一日。監査内容を詳しくチェックする内部の審査会で方針決定したのは五月五日だった。

そもそも朝日監査法人は、なぜ繰り延べ税金資産を認めなかったのか――。関係者によると、朝日側には、まず繰り延べ税金資産を除いた状態で銀行の貸借対照表を見るという社内ルールがあり、これに則ってチェックすると三月末は債務超過だったという。さらに、朝日側は旧大和銀行の財務内容を調べようとデータを求めたが、四月十六日まで応じてもらえなかった。このため、繰り延べ税金資産の計上額を決めるための「将来の収益計画」の妥当性を確認することができず、最終的に否認せざるを得ないと判断したのである。

この決定の二日後、りそな監査チームにいた会計士が謎《なぞ》の自殺をし、実態を知り尽くした中核メンバーを失ったこともあり、朝日は共同監査から下りる決断をした。旧あさひ、大和両行の実情を知るあるベテラン当局者は、「旧大和が水面下に抱えていた不良債権を考えると、とても責任ある監査証明はできないと（朝日側は）考えたのだろう」と推断する。

突然の報告を受けた金融庁は大慌てとなった。監督局長だった五味廣文《ごみひろふみ》は「まさに青天の霹靂。連休前には気配すらなかった。自分も銀行一課長も全く知らなかった」と話し、別の幹部たちも「四月中は何も言ってこなかった。大丈夫だろうと思っていたら、突然景色が変わった」「合併前に監査法人のデューデリジェンス（適正評価）が入っているはずで、いきなり過小資本になるはずがないと思っていた。本当に驚いた」と口をそろえている。

一夜明けた五月七日、水曜日。事務方から報告を受けた金融担当大臣の竹中は「隠さない」「原則を曲げない」「ルール通りにやる」の三原則で対応するよう指示し、「監査法人に介入してはならない」と厳命する。というのも、竹中によれば「新日本監査法人が悩んでおり、いろんな働きかけをしている金融庁関係者がいるとの情報が入っていた」からだった。竹中は自著『構造改革の真実』の中でも「一部の金融庁関係者が暗躍し、四％割れを避けるために動きまわっている」との情報が秘書官からもたらされた、と書いている。

日付は判然としないが、このころ、金融庁の事務方首脳から「一緒に新日本を説得してくれないか」と電話で頼まれたことを、日銀のある幹部が覚えている。この幹部は「監査法人を説得するのは筋が違う。ここで見逃してもりそなは早晩行き詰まる」と逆に諭したという。また金融庁の関係者も「穏便に済ますことができないかと（首脳部は）考えたが、そういう発想でやったら駄目だと現場は思っていた」と打ち明ける。事態が発覚したごく初期の段階で「金融庁から監査法人にプレッシャーがかかった」（日銀幹部）のは間違いないようだ。

振り返って竹中は、金融庁には三月にりそな発足を認可した経緯もあり、「判断の無謬性を保ちたいという気持ちと、ここで処理したら国会でまた追及される、できれば避けたいという思い。それでいろんな人が動いていた」と話す。実際、ある当局者によれば、前年の九月期決算で大和銀行が四％基準を割り込んだため、その後、竹中と事務方の間で「本当に合併を認可していいのかかなりの議論があった」という。竹中にとって、新生りそなは引き続き重要な「監視対象」となっていた。

さらに日銀幹部は「監査法人が金融機関の命運を決することへの違和感も（金融庁に）あった」と解説する。当局側の見込みや段取りを無視する形で、繰り延べ税金資産に対する監査法人の判断で銀行の生死が決まるのは、とても容認できないという理屈である。

新日本にはしかし、逆の圧力も働いていた。金融再生プログラムに則って厳格に監査すべきだとの意見が、社内外から寄せられていたのだ。副大臣の伊藤は「そんなに厳しくやるなという声と、厳格にしないと信頼性が問われるという両方の圧力がかかっていた」と話す。

存亡をかけたりそなと新日本との応酬が続く中、監督局は「双方が納得できる結論」を求めながらも、万が一に備え、危機対応の準備に入る。竹中は五月九日、小泉に電話で報告した。「大変な事態ですが、再生プログラムによる改革の結果です。大きな成果につなげたい」

五月十日、土曜日。監督局はりそなの担当者を呼び、この場で初めて預金保険法一〇二条の可能性について言及した。二〇〇〇年五月に再改正された預金保険法は、恒久的な危機対応策として「我が国又は当該金融機関が業務を行っている地域の信用秩序の維持に極めて重大な支障が生ずるおそれがあると認めるとき」に金融危機対応勘定の発動、つまり公的資本の注入を認めている。この事前説明を行ったのだ。

この日の協議については、りそな側が残した面談記録が後に国会で暴露され、大きな問題となる。それによると、繰り延べ税金資産を三年とした監査法人の判断について金融庁の銀行一課長が「三年を説明するメモを見たが論理的ではないと思う」と発言、これが監査法人に圧力をかけた証拠ではないかと野党側に指摘された。

これについて、銀行一課長は後に「りそなの自己資本比率低下は期末の株価下落による減損が主因なのに、一過性の損金をもって三年分の将来収益を推計するという説明が論理的でないと言ったものだ」と言い、監査法人に圧力は一切かけていないと強調する。

むしろ面談記録で注目されるのは、金融庁側が五月十七日に金融危機対応会議を開く可能性に触れ、「ポツダム宣言と同じで、耐えがたきを耐え、忍びがたきを忍んで頂く」「危機対応だが、秩序だってやってもらいたい」と指示していたことである。この場にいた当事者は「この時点で、ある程度方向性は見えていた」と話し、副大臣の伊藤も「方針は既に決まり、りそな経営陣の最終判断を待っていた」と証言している。

ところがこの翌日、事態が急変する。新日本監査法人が態度を軟化させ、四％をぎりぎり確保できる見通しが出てきたとの報告が夕刻、りそな側から金融庁に来たのである。竹中にもこの夜、「監査法人が腰砕けになった」との情報が別ルートでもたらされた。りそなでは優先出資証券を使った資本強化と資産圧縮により自己資本比率を半年で五％台に回復させる案も浮上し、当面の危機は回避されたとの空気がにわかに広がった。

五月十二日、月曜日。ここから再び流れが引き戻されていく。金融再生プログラムの進《しん》捗《ちょく》状況をチェックする竹中直属の作業部会が急遽招集されたのだ。

会合に出た元日銀審議委員の中原伸之らが残したメモによると、この日の作業部会は当初予定になかった「臨時開催」で、明らかにりそなを意識したものだったという。

席上、公認会計士協会会長で委員の奥山章雄が、繰り延べ税金資産の計上額について、「主観的なところがあり、あとからいろいろ言われても困る」と言い、銀行の三月期決算の監査結果について金融庁との事前のすり合わせを求める発言をした。決算発表の前に金融庁に「お墨付き」をもらいたいというのである。

これに対し、検査局長が「当局は事後チェックでやる。護送船団方式はもうやめる」と拒否し、繰り延べ税金資産について「事前にはチェックしない。監査の独立性を損なうことはしない」と断言した。すると奥山は「金融庁がタッチしないのはやむを得ないが、銀行と監査人の真剣勝負になる」と返す。りそなが念頭にあるのは誰の目にも明らかだった。

一時間半近い議論の終わりに、竹中がこう念を押した。

「監査人は独立した公器だ。繰り延べ税金資産については監査法人の判断に介入しない」

奥山の下には、新日本の幹部が事前に相談に来ていた。奥山は金融庁のスタンスを確認することで新日本の立場を守ろうとし、竹中は臨時会合を開くことで流れを引き戻そうとした。竹中は後に「監査法人も過去の無謬性にとらわれていた。正々堂々と判断してくれというメッセージを送ろうと思い、あの会議を開いた」と証言している。

五月十四日、水曜日。官邸を訪れた竹中は、小泉と向き合った。

「りそなは問題ないという情報もありますが、私は違うと思っているし、違うという情報が別のルートから入っています」

竹中はさらに「最終的にどうなるかまだ分かりませんが、繰り延べ税金資産が三年しか認められないと厳しい状況になる。こういうことにウルトラCはないし、時間もない。放っておくと預金が抜けて、破綻処理に移行しなければならなくなる」と言い、こう結んだ。

「公的資金を入れるべきだと思いますし、担当大臣として入れたい」

小泉は即座に「分かった。しっかり対応してくれ」と答えたという。

副大臣の伊藤らによれば、揺れに揺れた監査方針を決定づけたのは、実は金融再生プログラムに沿って一月から四月まで実施された特別検査と追加の実態把握だったという。りそなの実情が大臣まで上がってきたことで、延命工作は「正当性を失い」、さらに「金融庁が事実を把握しているのに、正しくない判断をできるのかというプレッシャーが監査法人にもかかった」と証言する。事実、新日本の内部でも、繰り延べ税金資産を厳格に見るべきだとの意見が再び勢いを取り戻し、五月十五日、当初通りの監査方針を決め、りそなに最後通告した。

五月十七日、沖縄の太平洋・島サミットから帰京した小泉は、預金保険法一〇二条に基づく「金融危機対応会議」を初めて招集し、二兆円規模の公的資金注入を決定した。繰り延べ税金資産の圧縮によって自己資本比率が二・〇七％まで低下したりそな銀行は、政府の管理下に入り、史上初の「特別支援行」に認定された。

りそな救済で注目されたのは、同行が債務超過でなく、資金繰り難でもないのに、危機認定されたことだった。小泉は「危機を起こさないための措置」と説明し、竹中も「いま金融危機ということではない。破綻ではなく再生だ」と繰り返した。

金融危機対応勘定の発動条件について、前任の柳澤は①連鎖的な破綻が発生する②資金繰りが連鎖的に困難になる③貸し渋りや融資回収が広がる――の三つを挙げ、一九九七、九八年のような危機の際に発動できると国会で説明していた。このため、危機でないと言いながら発動できるのか議論になったが、監督局幹部は、「りそなは首都圏や関西で広く展開し、デリバティブもやっていた。典型的なシステミック・リスクのケースだった」と強調する。

その上で、「長銀や日債銀の処理を見て、ああいうことは絶対にしないと決めていた」とも話した。資本注入額が史上最多の一兆九六〇〇億円に膨らんだのも、二度と同じ事態が繰り返されないよう地銀上位行並みの自己資本比率を参考に監督局が弾き出したものだった。

ただ、空前絶後とも言えるこの救済に「違和感」を覚えた当局者がいないわけではない。繰り延べ税金資産を圧縮した結果、自己資本比率が二％台になったというのは「あまりにも出来過ぎの数字」であり、実情は債務超過だったのではないかと疑っているのだ。実際、りそなの新経営陣がその後資産を再査定した結果、自己資本比率は救済時の一二％から六％台に急低下している。「破綻処理を避けるため、まず二％ありきで救済案を組み立てたとしか思えない」――。破綻処理に精通したベテラン当局者の感想である。

ゴールデンウィーク明けのわずか一〇日ほどで決着した短期決戦を、伊藤は「金融再生に向けた一つの天王山」と評した。小泉の側近も、資本注入を訴えながらそれまで実現できなかった竹中が「降ってわいたりそな危機に飛びついた」と解説し、小泉政権にとっても伸《の》るか反るかの大勝負になった、と述懐する。事実、平均株価は空前の救済劇を機に反転上昇し、日本経済は一つの危機を脱することになった。

また、りそなは実質的に国有化された後、東日本旅客鉄道（ＪＲ東日本）副社長の細谷英二《ほそやえいじ》をグループのトップに迎え、経営再建に動く。りそなの公的資金残高は旧大和・あさひ時代の分を含め三兆一二八〇億円あったが、長い年月をかけて二〇一四年までに完済した。

為替介入と量的緩和の奇妙な調和

りそな問題が浮上する直前、二〇〇三年三月二十日、日銀総裁が速水優から福井俊彦に代わった。この日、米国がイラクへの軍事作戦を開始し、世界経済に暗雲が漂い始めていた。

福井はかつて、「量的緩和には意味がない」と日銀の企画ラインを批判したが、自ら総裁に就任するや迷わず量の拡大へと舵を切る。臨時会合の開催を含め、就任後一年間で五回の政策変更に踏み切り、当座預金残高は引き継いだ時点の「一五兆～二〇兆円」から「三〇兆～三五兆円」と二倍に膨れ上がった。

また、金融システム安定化の名目で、速水時代に導入した銀行保有株式の買い入れについても、福井は二兆円から三兆円に枠を引き上げた。日銀の担当者は当初「これ以上増やしても意味はない」と反対したが、福井は「意味がなくても一肌脱いでいるところをみせる。景気づけのようなものだ」と取り合わなかったという。

時に激しく政治と対立した速水時代と異なり、福井は政治の意向を先読みし、先手先手と動いていく。機動的で大胆な「福井式緩和」は、りそな救済劇や外需の拡大とも相まって株価上昇をもたらし、次第に国内外で高い支持を集めていった。

とりわけ福井に寄せる首相官邸の信頼を揺るがぬものにしたのが、この年の五月から始まった大規模な円売り・ドル買い介入との「暗黙の政策調和」である。

このころ外国為替市場ではイラク戦争に伴う米国の財政悪化懸念に加え、りそな救済を機に大量の外国資金が株式市場に流入したことから、円高・ドル安基調が強まっていた。このため財務省は円高阻止に向けて五月から翌年三月までの間に三三兆円近い空前の円売り・ドル買い介入を実施、このうち一五兆円近くが二〇〇四年一～三月の間に集中投入された。

福井日銀は、この大規模介入とほぼ歩調を合わせながら量的緩和を拡大する。月別の為替介入額が多かったのは二〇〇三年五月（三・八兆円）、九月（五兆円）、〇四年一月（六・八兆円）と三月（四・五兆円）だが、当座預金の目標額引き上げも〇三年五月、十月、〇四年一月とほぼ同時に行われ、さらに細かく見ると一日一兆円超の巨額介入が実施されてから一～二週間以内に追加緩和は決定されている。為替介入で放出された円を吸収せず、そのまま「放置」できるように、そのつど目標額を引き上げていったようにも映る。

このため福井式緩和は、かつて宮澤が速水に働きかけた「非不胎化介入」そのものだとの指摘も少なくない。実際、黒田東彦は自著『財政金融政策の成功と失敗』の中で当時を振り返り、「介入資金を積極的に活用して量的緩和を拡大していったのは鮮やか」「この間の非不胎化介入は政府・日銀による協調の成功例と言える」と評している。

また、黒田らに非不胎化の必要性を説いていた当時の米財務次官、ジョン・テーラーも退任後の回顧録で、日本が非不胎化によって通貨供給量を増やしたため、米国は大規模な円売り介入にもかかわらず寛容な立場をとった、と明らかにしている。

この歴史的な大規模介入を直接指揮したのは財務官の溝口善兵衛《みぞぐちぜんべえ》だが、全体構想を練り上げたのは他ならぬ黒田だった、と政府高官は証言する。黒田は二〇〇三年一月に財務官を溝口に譲った後、三月から内閣官房参与として首相官邸に席を得た。そこで小泉首相や安倍晋《あべしん》三《ぞう》官房副長官らに「どんなに介入しても日銀が不胎化するので効果がないと、非不胎化介入の必要性を熱心に説いて回っていた」（同高官）という。

円売り・ドル買い介入が実施されると、二営業日後に政府から民間銀行に円が振り込まれ、日銀当座預金残高はその分膨張する。半面、介入資金を調達するために政府短期証券（FB）が発行されれば、当座預金残高は同じ額だけ減少するため、為替介入は金融調節に対して中立的であり、従って非不胎化介入はナンセンスだ、というのが日銀の一貫した主張である。

だが、日銀がFBを一時的に引き受け、政府によるFBの市中発行を「先送り」すれば、その間、当座預金残高を大きく膨らませることができる。実際、FB発行に伴う資金吸収の多くは介入があった二〇〇三年度中ではなく、翌〇四年度以降に先送りされている。日銀が「対政府取引」の詳細を公表するようになったのも、大規模介入の終了後、〇四年五月からだった。「不透明な取引は今後避けたいという意思表示」と日銀内では受け止められた。

現場指揮官の溝口は、後にまとめた手記「為替随感」に「福井総裁の下の日銀は非不胎化論議はナンセンスだとかいった尽きない論議に没入しないで、いわば大人の対応で黙々とデフレ克服にまい進した」「政府・日銀がパッケージとして明示的な合意をして採った措置ではなかったが、双方がデフレ克服のため、それぞれの立場で必要な措置を果断に採っていくという共通した考えがその背後にあった」と書き、阿吽《あうん》の呼吸があったと解説する。

また、日銀との調整に当たった財務省幹部は「財政も金融も出尽くした中で、唯一残っていたのが為替政策だった。日銀は『協力はするが、自主性に任せてほしい』と言っていた」と、両者の間に「緩やかな合意」があったことを認めている。

福井は総裁就任の直前、宮澤喜一から「口頭試問」を受け、デフレ脱却に最大限協力することを政府側に約束していた。また、頑強な円高論者だった速水と対照的に、福井は「基本的には円高恐怖症」（日銀幹部）でもあった。実際、国会でも「日銀が流動性をたくさん供給すると（中略）介入後の為替相場への影響の度合いもより強くなる。結果的には双方の共鳴効果はある」と答弁するなど、円高阻止に向けた協調体制をしばしばアピールしてみせた。

こうした異例の政策調和は、円高・ドル安の流れを止め、外需主導・輸出依存型の景気回復を後押ししていった。当時首相秘書官で、後に財務事務次官となった丹呉泰健《たんごやすたけ》は「小泉政権でいちばん効果のあった経済政策が、介入と緩和の協調だった」と話している。

ただ、福井に近い日銀幹部は、「政策協調したと財務省が言いたければ、言わせておけばいい、と総裁は考えていた。本音では、量を拡大しても意味はないと思っていたが、（忠臣蔵の）大石内蔵助《おおいしくらのすけ》ばりに本心を隠し通した」と打ち明ける。

遡れば、非不胎化論争が最初に盛り上がった一九九九年夏、当時総裁の速水から相談を受けた福井は「非不胎化など全く意味がない。日銀としてははっきり言うべきだ」と強く進言している。その四年後、デフレ克服にかける新生日銀の姿勢を広く世に訴えるため、あえて本心を押し隠し、政策協調を演じて見せたというのだ。

これを裏付けるように、福井は量的緩和を継続する傍らで、企画ラインに一つの指令を出している。それは公開市場操作における手形オペの期間を短期化せよというものだった。実際、オペの平均期間は大規模介入に伴って最長六カ月程度まで延びた後、二〇〇五年前半から急速に短くなっていく。政府との協調を演じながらも、いずれ来る緩和解除の時に備え、「出口への布石」を福井はひっそり打っていたのである。

不良債権、その収束と代償

りそな救済から半年後、地方銀行上位の足利銀行が危機に直面した。繰り延べ税金資産の厳格監査が引き金を引くという点でりそなと同じ展開だったが、結末は全く違った。

足利銀行は栃木県で四割のシェアを持つ地域最大の金融機関だが、不良債権処理の遅れと度重なる「風評」に苦しみ、一九九七年十一月には預金の取り付け騒ぎが発生。九八、九九年の二回にわたって総額一三五〇億円の公的資本注入を受け、経営再建に取り組んでいた。

しかし、十一月二十七日午前十時過ぎ、頭取の日向野善明《ひがのよしあき》が中央青山監査法人から繰り延べ税金資産の全額否認を突如告げられる。その七時間後、今度は金融庁から「二〇〇三年三月期末は債務超過だった」とする検査結果を通告され、万事休した。

後に国会に呼ばれた日向野の説明によれば、中央青山はぎりぎりまで一定の繰り延べ税金資産を認める方向で調整していたが、二十七日に態度を一変させ、全額認めないと宣告してきたという。この背景には十一月十一日に終了した金融庁検査が大きく影響している。九月に始まった検査は「これまで地銀に適用していないような厳しい手法」(日向野頭取)が採られ、二〇〇三年三月期末で債務超過だったと認定した。これを察知した中央青山は、十一月二十六日に審査会を開き、繰り延べ税金資産の全額否認を決定したのである。

金融庁と監査法人の「挟み撃ち」にあった足利は二十九日、自力での再建が困難だと金融庁に報告。この夜、首相官邸で二度目の金融危機対応会議が開催され、預金保険法に基づき国が全株式を強制的に取得する「一時国有化」が決まった。繰り延べ税金資産の全額取り崩しにより、足利は九月中間決算で一〇二三億円の債務超過に陥った。併せて日銀特融も発動されたが、預金はさほど流出せず、実際に使われることはなかった。

金融危機対応会議に至るプロセスは半年前のりそなとほぼ同じだったが、足利銀行の処理には決定的な違いがある。りそなが預金保険法一〇二条一号措置に基づく「特別支援行」だったのに対し、足利は同三号措置に基づく「特別危機管理銀行」となったことだ。りそなは資産超過だったとして、資本注入による会社存続の道が与えられた。これに対し、足利は債務超過だったため破綻処理され、株式は紙くずとなった。栃木県出身の自民党議員らが竹中に猛抗議し、一号措置の適用を繰り返し求めたが、認められなかった。

竹中は「りそなのような資本注入にしてくれという声が政治家からものすごくあった」と証言する。当局幹部は「りそなと比べて、財務内容が格段に悪かった。全国的な混乱が起こる可能性もなかったし、破綻処理はしょうがないと誰もが思った」と話している。

ただ、別の当局者は「明らかにりそなの反動だった」と評し、りそな処理で株主責任を問わなかったことに対する批判が足利の対応に影響を及ぼしたと解説した。日銀幹部も「モラルハザードが広がらないよう、次は厳しくやるべきだという助言が竹中大臣に寄せられ、それが足利銀行の厳しい検査につながった」と解説している。

銀行の一時国有化は長銀、日債銀に続き史上三行目。足利銀行はその後、二〇〇八年に野村ホールディングスが設立した持ち株会社の傘下に入り、再生の道を歩む。

また、足利を最後に日銀特融は以後発動されなくなり、二〇〇五年一月末に残高ゼロとなる。特融は「最後の貸し手」として平成の間に二一回発動され、ほかに受け皿銀行への出資と基金への拠出を行った。公的資金導入が遅れたため、財政が本来果たすべき役割をも担うことになり、結果的に山一証券向け特融と出資・基金拠出の一部で損失が発生した。

足利銀行への検査がまだ行われていた二〇〇三年秋のことである。金融庁の検査局長が竹中の部屋を訪れ、気がかりな情報を伝えた。足利より一足先に始まっていたＵＦＪ銀行の検査で、別の部屋に膨大な資料が隠されているとの内部通報があり、行ってみたらその通り発見された――。銀行法で禁止されている「検査忌避」の疑いである。

ＵＦＪ銀行は、三和銀行と東海銀行が合併して二〇〇二年一月に発足した。メガバンクの一角を占めていたが、財務体質が脆弱な上、大口融資先にダイエーなど経営不振の企業を多く抱え、「りそなの次に心配していたメガバンク」（日銀幹部）だった。

報告を受けた竹中は「ＵＦＪだけでなく、金融庁のコンプライアンス（法令順守）も問われる事態だ。ルール通りにやれ」と厳格な対応を指示する。検査局は年明け二〇〇四年（平成十六年）一月から特別検査に着手し、四月二十三日に巨額の引き当て不足を指摘する検査結果を通知した。ＵＦＪ側は当初これに抵抗する構えを見せたが、結局、二期連続の赤字決算と経営陣の退陣、傘下のＵＦＪ信託銀行を住友信託銀行に売却すると発表した。

だが、法令違反に対する金融庁の怒りは収まらず、六月十八日、検査忌避や業績不振などに対し業務改善命令を発動する。ＵＦＪはみる間に追い込まれ、三菱東京との統合に存続の道を求める展開となっていく。七月にはＵＦＪ信託の住友信託への売却を一方的に撤回し、三菱東京との経営統合を発表。今度はこれに住友信託側が反発して訴訟に踏み切り、さらにＵＦＪを手中に収めたい三井住友銀行までが争奪戦に加わる「大再編騒動」へと発展した。最終的には、八月末、最高裁が住友信託の訴えを退け、ＵＦＪは三菱東京に吸収合併されることになる。世界最大規模の三菱ＵＦＪフィナンシャル・グループは二〇〇五年十月に発足し、みずほ、三井住友との三大メガバンク体制が出来上がった。

メガバンクの一角にあったＵＦＪが、なぜ検査忌避という違法行為に走ったのか。金融庁の幹部は「金融再生プログラムがいちばん効いたのがＵＦＪだった」と回想する。

金融再生プログラムには、経営健全化計画の利益目標が達成できない場合、「責任の明確化を含め厳正に対応する」と記されていた。不良債権の実態を検査で把握され、指摘通り引当金を積み増すと赤字決算に陥り、経営責任を問われることをＵＦＪはどこよりも恐れた、というのである。また、自己資本に占める繰り延べ税金資産の割合も格段に高かった。

「頭取を頂点とするライン全体を守り抜こうとするあまり、検査忌避にまで至った」と金融庁幹部は解説する。振り返れば、三井住友銀行が「逆さ合併」に踏み切ったのも、みずほ銀行が一兆円増資に踏み切ったのも竹中プランの影響だが、ＵＦＪは当時十分な資本増強には踏み切らなかった。りそな同様、財務戦略の甘さが自らを存亡の縁に追い込んだのである。

このＵＦＪ問題の決着により、一九九〇年代前半から長期に及んだ不良債権問題は終息へと向かう。大手行の不良債権比率は二〇〇二年三月期の八・七％をピークに〇五年三月期には二・九％まで下がり、その後さらに低下した。金融再生プログラムを機に処理が加速し、この動きと並行して、中国やロシアなどＢＲＩＣｓと呼ばれる新興国経済も急成長して外需主導の景気回復が実現したためである。これに伴って不良債権はオセロゲームのように「正常化」し、過去の貸倒引当金が巨額の戻り益となって銀行決算を押し上げていった。

ただ、不良債権処理の代償はあまりにも大きかった。日銀などの調べでは、一九九三年三月期から二〇〇四年三月期までに全国銀行が負った不良債権の処分損は累計で九三・六兆円。これに預金保険機構が負担した破綻金融機関向けの金銭贈与額一八・六兆円を加え、総費用は一一二兆円、ＧＤＰの二割にも相当する。このうち国庫負担、つまり税金投入額は一〇・四兆円に達した。

また、金融経済の混乱と低迷により低金利政策が長期化した結果、家計部門は利子収入の減少という別の「負担」も強いられた。日銀の資料を基に行われた国会審議によると、家計部門の受け取り利子額は一九九一年の三八・九兆円から二〇〇六年には四・六兆円に減少し、仮に九一年の高金利が続いていた場合と実績値を単純比較すると受取総額は約三六四兆円減少した。既に低金利時代に入っていた九三年水準との比較でも二二一兆円減少している。

一方、バブル崩壊を資産価格の推移で辿ると、日本の地価総額は一九九〇年の二四〇〇兆円をピークに二〇〇五年には一二〇〇兆円に半減し、株式時価総額も一九八九年末の六一〇兆円から二〇〇三年春のボトムには二三〇兆円程度に落ち込んだ。バブル崩壊を主因として、GDPの三倍近い一六〇〇兆円もの富が泡と消え、膨大な不良債権を生み出していったことになる。

振り返って竹中は「既得権益者たちの長い抵抗と金融当局の無謬性を突破したのは、結局、政治のリーダーシップだった」と話す。片や、白川方明は竹中プランに一定の評価を与えつつも、「公的資金を含むセーフティネットの整備に向けた長年の努力と、偶然にも海外で発生した新たなバブルに助けられ、不良債権処理は成し遂げられた」と指摘した。

後に金融庁長官を務めた五味廣文は、柳澤行政と竹中行政に「断絶」はなく、連続していたとした上で、処理の終結について「当局と銀行の間に健全な緊張関係が築かれ、やるべきことはやるしかないという意識変革が双方に起きた結果だった」と分析している。

この処理終結とともに、金融行政は「有事対応」から徐々に脱皮し、金融機関の自立と利用者利便の向上を目指す方向へと舵を切る。この間、保険金の不払いで明治安田生命など多数の生損保会社に、また監査法人や銀行にも業務停止命令など重い行政処分を次々と発し、「金融処分庁」と揶揄《やゆ》されることもあった。一方、金融界を震撼《しんかん》させた検査局は平成が終わる前の年に監督部門に吸収・廃止され、「金融検査マニュアル」も二〇一八年度末で廃止されることになる。

第4章　脱デフレの果てなき道

——リーマン危機から「異次元緩和」へ

2006–2018

緩和解除とアベノミクスの萌芽

平成の市町村大合併がピークを迎えた二〇〇五年（平成十七年）十月。首相が執念を燃やした郵政民営化法が、「小泉劇場」と呼ばれた壮絶な解散総選挙の末に成立し、第三次小泉改造内閣が発足した。

大胆な福井式緩和も、スタートから既に二年半が経過していた。景気回復の追い風が吹く中、日銀の企画担当幹部は、このころには財務省や内閣府との意見交換の場で、量的緩和解除に向けた地ならしを始めていた、と回想する。「解除」という直截《ちょくせつ》な言葉こそ使わなかったが、「そろそろ方向性を考えねばならない局面」といった表現を使い、シグナルを送り続けていた。対する財務省の大臣官房幹部も、日銀側が折に触れて緩和解除のチャンスをうかがっていたのを鮮明に記憶している。

改造内閣発足の十月三十一日、日銀は「経済・物価情勢の展望」を公表。消費者物価指数（CPI）のプラス基調がこの先定着していくとの見通しを示し、「現在の金融政策の枠組みを変更する可能性は二〇〇六年度にかけて高まっていく」と、解除の方向性を強く匂わせる。

事実、年の暮れに発表された十一月のＣＰＩは前年比でプラスに浮上した。

ところが、内閣改造で総務大臣に転じた竹中平蔵や自民党政調会長に就いた中川秀直《なかがわひでなお》らから、解除は時期尚早だとの声が日増しに強まっていく。政策変更をめぐる政府と中央銀行との緊張が二〇〇六年（平成十八年）に向けて、再び高まっていった。

「三月解除」の目標が日銀の企画ラインに明確に浮かんだのは、年明け一月だった。五年前のゼロ金利解除で政府と対立し、半年後に量的緩和に追い込まれた苦い経験から、事務局は当初から「無理をせず、慎重に事を進めよう」と構えていた。だが、総裁の福井俊彦や副総裁の武藤敏郎《むとうとしろう》ら首脳部の考えは違っていたと、幹部の一人はこう振り返る。

「だらだら延ばすのではなく、条件を満たしたのなら素早く解除する。決めたら早くやろうというのが、ゼロ金利解除のときの反省点になっていた」。速水時代のように、政府との意見調整に余計な時間をかけない、と福井は心に決めていたようだった。

三月解除に向けて、まず副総裁の武藤が二月二日の講演で解除に前向きな姿勢を示す。この一週間後、福井が記者会見で三月解除の可能性に初めて触れ、二十三日の参院財政金融委員会ではっきりと言った。

「条件が満たされたかどうか客観的かつ冷静に判断し、判断に至れば直ちに解除したい」

福井日銀は量的緩和を推進していた二〇〇三年の秋、長期金利の上昇を抑え込むため、

「ＣＰＩ前年比が基調的にゼロ％以上になり、先行き再びマイナスになると見込まれないこと」などを緩和解除の条件にすると約束していた。福井が国会答弁した時点で、ＣＰＩは既に三ヵ月連続ゼロ％以上となっており、緩和解除の観測が一気に高まった。

福井は新日銀法の精神を踏まえ「事前の調整は一切いらない」と事務局に繰り返し話していた。が、現実はそうもいかず、企画ラインは政府や自民党の要所を根回しに飛び回る。とりわけ熱心に緩和解除の必要性を説いて回ったのが、財務事務次官から副総裁に就いた武藤だった、と複数の関係者は証言する。永田町に太いパイプを持つ武藤の力は大きく、景気判断が上向いたこともあって、与党内の反対論は徐々に鎮まっていく。

このころ反対派の中川政調会長が日銀、財務省、内閣府の幹部を紀尾井町《きおいちょう》のホテルニューオータニに集め、緩和解除について激論を繰り広げたことがある。早期解除の必要性を切々と説く日銀理事の白川方明に続いて、財務省の官房幹部が「今後の金融政策運営を考えると一定の『のり代《しろ》』も必要ではないか」と発言。これに中川が「財務省まで容認するのか」と激しく詰め寄ったのを出席者の一人が覚えている。

その実、日銀は水面下の折衝で、解除後も当面はゼロ金利を続け、当座預金残高についても緩やかに減額していく考えを伝え、財務省側も理解を示していた。さまざまな説得と根回しを経て、三月解除の道はすべて整ったかに思われた。

だが、最後に首相官邸が立ちはだかった。中心となって反対したのは、官房長官の安倍晋三だった。

安倍は官房副長官に続いて自民党幹事長、第三次改造内閣では官房長官に登用され、一気にポスト小泉に浮上した。経済政策では「上げ潮」と呼ばれたリフレ派の中川秀直らに近い考えを持つと見られていた。

安倍は三月三日朝、担当記者との懇談で「量的緩和の解除は慎重に判断してほしい。まだ早すぎるのではないか。なぜ今なのかが分からない」と語る。懇談での発言は、「政府高官」の発言として瞬時に報道され、日銀内に波紋が広がった。

さらに首相の小泉も六日の参院予算委員会で量的緩和について「慎重に考えて頂きたい。失敗したからまた元に戻すことがあってはならない」と牽制《けんせい》した。首相側近は「三月解除は早すぎる、と誰もが思っていた」と述懐する。

「政府高官発言」のあと、安倍は福井との直接会談に臨む。安倍はこの場で強く再考を促したが、福井の決意は固かった。このあと安倍のところには、複数の財務省幹部が説明に訪れ、「最終的な了解を取り付けた」と、幹部の一人は話している。

春寒の三月九日。注目の金融政策決定会合で福井は量的緩和の解除を提案し、賛成多数で議決した。速水時代に量的緩和政策を導入して以来、五年ぶりの路線転換が実現した。

福井は量的緩和を始めたころから将来の「出口」をにらみ、手形オペ短期化の指令を出していたが、解除が近づいてきたある日、金融市場局長の中曽宏を呼び、「（解除後）三カ月から半年で利上げに踏み切りたいので、その期間内に量を元に戻すように」と、量の削減に向けたオペ戦略を練るよう指示する。

三月時点で日銀当座預金残高は三〇兆円強あり、法定準備を二〇兆円以上も上回っていたが、総裁の指示通り、手形オペの平均残存期間は三カ月強と短くなっていた。量的緩和の解除が決まったのを受けて、中曽は満期の来たオペを基本的に継続せず、なだらかに「期落ち」させていくきめ細かい金融調節を展開、「当座預金残高の緩やかな減額」という方針に沿って、三カ月間で超過準備をほぼ解消させた。

この量の正常化を待って福井は七月にゼロ金利を解除し、コールレートの誘導目標を〇・二五％に引き上げる。電光石火の手綱さばきに、福井の存在感と求心力が一気に高まった。

ところが、八月に発表されたＣＰＩ上昇率が、五年に一度の基準改定により予想以上に下方修正され、雲行きが急変する。自民党内で「三月の判断は誤りだった」と再び日銀批判が広がった。福井の政策判断について、リフレ論者たちは「早期に出口に向かった結果、再びデフレに陥った」と指摘し、竹中も「明らかな間違いだった。もし自分が経済財政相だったら、迷わず議決延期請求していただろう」と後に語っている。

量的緩和解除に最後まで反対した安倍晋三は、この三月の実体験が後に「アベノミクス」と呼ばれる政策構想に至るきっかけになった、と二〇一三年四月の国会でこう話している。

「当時の小泉総理も解除は早過ぎるという判断であり、政府としての立場は何回も当時の福井総裁にお話をさせていただいたが、残念ながらそういう判断をされた。（中略）せっかくうまくいき始めた金融政策が、結果として雲散霧消していった」（四月二日衆院予算委員会）

「量的緩和をやめてしまって、残念ながら十分にデフレから脱却できなかった。金融政策的な支援はなかったということに私は着目をした」（四月二十四日参院予算委員会）

福井はこのあと、二〇〇七年二月にコールレートの誘導目標をさらに〇・二五％引き上げ、〇・五％とした。しかし、「いざなみ景気」と呼ばれた長期の景気拡大が陰り始めたことから、利上げはここで打ち止めとなり、目標とした「金利水準の正常化」には至らなかった。

それでも、側近の一人は福井の在任期間を振り返り、「景気も物価も上向き、為替は円安基調と日銀に追い風が吹いていた。日銀が『王道』を歩むことのできた極めて稀《まれ》な時期だった」と評している。

リーマン危機、そのとき東京で

二〇〇七年（平成十九年）七月の参院選で安倍首相率いる自民党は歴史的大敗を喫し、衆院と参院の第一党が異なる「ねじれ国会」が出現する。政権運営は困難を極め、首相が安倍から福田康夫《ふくだやすお》に代わっても野党民主党の攻勢に悩まされ続けた。

なかでも難関となったのが、二〇〇八年（平成二十年）三月に任期切れとなる福井の次の日銀総裁人事だった。副総裁だった武藤敏郎の昇格を目指す福田内閣に対し、民主党は「財政と金融の分離」を旗印に「元財務事務次官の天下りは認められない」と反対した。

新日銀法では、総裁・副総裁人事に衆参両院の同意が必要と定めているが、両院の意思がねじれた場合の調整規定はない。衆院議決の優越や衆院での再議決もできないため、参院第一党の民主党が絶対的な「拒否権」を持つ形となっていた。民主党がノーと言い続ける限り次の日銀総裁は決まらず、政局含みの不穏な空気が広がった。

与野党の駆け引きが続く中、福田はあえて強行突破を図ったが、参院で武藤総裁案は否決され、副総裁候補の白川方明だけが承認される。政府はその後、武藤以外の財務次官ＯＢを候補に挙げたが、またも民主党に拒否され、そのまま福井の任期が切れた。戦後初めて日銀総裁が空席となり、副総裁の白川が「総裁代行」として職務に当たることになった。

四月七日、福田は白川を総裁に昇格させ、別の財務省OBを副総裁に充てる妥協案を提示したが、総裁だけが同意され、副総裁が一人不在のまま新体制が船出する。一カ月に及ぶ政治の迷走を経て、白川は第三十代総裁に就任した。

総裁人事をめぐる混乱が頂点に達していたちょうどそのころ、米国で途方もない危機のマグマが地表に噴き出そうとしていた。

震源はサブプライムローンと呼ばれる信用力の低い顧客向け住宅ローンである。米国の住宅バブルの崩壊で融資が焦げ付き、これを証券化した金融商品を大量保有する金融機関に巨額の損失が発生した。このサブプライム問題による国際金融市場の緊張は、既に前年の夏から高まっていたが、三月十六日、資金繰り難の米証券大手ベア・スターンズを米連邦準備制度理事会（FRB）が電撃的に救済したことで危機は万人の知るところとなる。

FRBが発動したのは、ベア社を買収するJPモルガン・チェースへの巨額の特別融資だった。連邦準備法一三条三項に基づく「異例で緊急」の措置だが、これまで発動されたことは一度もない。第一次山一特融にも似た空前の救済に、米国内では非難が噴き出し、FRBは弁明に追われた。さらに、ベア社救済で目先の危機を乗り切ったことが、逆にサブプライム問題の深刻さを世界中に再認識させ、金融市場の緊張は否応なく高まっていった。

ベア社救済から半年後、米国四位の名門証券リーマン・ブラザーズが経営危機に直面する。しかし、ベア社救済に対する厳しい批判に懲《こ》りたFRBも米財務省も、今度は救済に動こうとしなかった。九月十二日、財務長官のヘンリー・ポールソンは主要金融機関九社の首脳をニューヨーク連邦銀行に集め、対応策を検討するよう要請したが、この場で「公的資金は使わない」と明言したという。

世界各地で活動するリーマン・ブラザーズの経営危機は、米国だけの問題にとどまらない。例えば、日本法人であるリーマン・ブラザーズ証券は、従業員一二〇〇人、前年度の東証売買代金で証券会社トップに立つビッグプレーヤーだった。このため、米国は各国の金融当局と密に連絡を取り合うことにし、中央銀行間でも電話協議が頻繁に開かれることになる。金融庁は米国の財務省と証券取引委員会（SEC）、日銀はFRBと傘下のニューヨーク連銀からそれぞれ最新情勢を聞き、互いに情報交換しながら対応策を検討した。

日本時間九月十二日、金曜日の日中までは、日銀や金融庁の現場にさほどの緊迫感はなかったという。幹部の一人は「最後は救済するんだろうと多少高《たか》を括っていた」と打ち明ける。

ニューヨークでの調整はしかし、前進どころか、逆に崩壊へと近づいていた。

日本時間十二日夜、G7の緊急電話会議が急遽開かれ、ポールソンが「リーマンの買収交渉が難航している」とこの場で報告、これに対し欧州中央銀行総裁のジャン＝クロード・トリシェが出席者を代表して「この結果は非常に深刻なものになる」と警告した。白川を含む各国の中銀総裁も、FRBは最後は破綻回避に動くはずだとまだ信じていた。

九月十三日、土曜日。FRB議長のベン・バーナンキから白川に「リーマンの連邦破産法申請は不可避」との厳秘情報が入る。白川は破綻した場合の影響は極めて大きいとバーナンキに強い懸念を伝えた。G7電話会合が二夜連続で開催され、緊迫度はさらに高まっていく。金融市場局長の中曽はたまらず、旧知のニューヨーク連銀理事にメールを打った。〈一〇年前、三洋証券の会社更生法適用を機に金融システム崩壊の危機が起きた。チャプターイレブン（連邦破産法一一条）だけは避けてくれないか〉

九月十四日、日曜日。日本橋の日銀本店に、金融機構局や金融市場局などのスタッフが集結する。総裁の白川と副総裁、担当理事は赤坂の氷川寮に陣取り、迫りくる米リーマン破綻への対応策を練り上げていった。白川はこの夜もバーナンキと電話会談し、三夜連続のG7電話会合に臨んでいる。

金融機構局の主要メンバーが顔をそろえたのはこの日の正午だった。まず日本法人リーマン証券の実態を把握するため金融庁に出向き、資金繰り表を作った。すると、米本社の信用が失われた場合、日本法人の資金繰りも即座に行き詰まることが確認された。

夜九時、金融機構局長の田中洋樹《たなかひろき》は参事役の早崎保浩《はやさきやすひろ》とともに金融庁を再度訪れ、監督局審議官の河野正道《こうのまさみち》、証券課長の森田宗男《もりたときお》と向き合う。田中は毅然《きぜん》として言った。

「マーケットが開く十六日朝までに日本法人を処理しなければ大混乱に陥ります。一刻も早く業務停止命令を発動してもらいたい」

だが、金融庁側は頑として受け付けない。リーマン証券自身が営業を断念しておらず、当局による債務超過認定もできていない段階で業務停止を出すことはできない――。「エビデンス（証拠）がありません」と森田は繰り返した。

だが、このまま放置して米国本社の倒産情報が流れれば、資産保全の荒波が日本法人に押し寄せ、市場は収拾がつかなくなる。日本法人が日銀オペの対象だったことから、日銀が債権者として財産保全を申し立てる道もあったが、それも混乱を引き起こしかねない。

考えた末に、田中が言った。

「あす（日本法人の）桂木《かつらぎ》社長と会って、私が話をしましょう」

九月十五日、敬老の日。まだ夜も明けぬころ、中曽の自宅に、ニューヨーク連銀の幹部から「チャプターイレブン決定」の一報が入った。電話を受けて九〇分後、中曽はＦＲＢなど主要な中央銀行との電話会議に臨み、各国協調して市場にドルを供給する枠組みへの参加を急ぐ。一九九七年秋に経験した金融危機の教訓を踏まえ、日銀はリーマン危機が表面化する前から、FRBを核とする協定への参加を検討していた。

話し合いの結果、FRBと欧州中央銀行(ECB)、スイス国立銀行が米ドルと自国通貨を交換する「スワップ協定」に日銀とイングランド銀行、カナダ銀行が加わり、六中銀で最大二四七〇億ドル(約二六兆円、後に無制限)を市場に供給する態勢が固まる。日銀枠は当初六〇〇億ドルで、このあと金融機関や企業のドル調達を強力に下支えすることになる。

一方、金融機構局長の田中は十五日朝、六本木の日銀鳥居坂《とりいざか》分館に出向き、リーマン・ブラザーズ証券社長の桂木明夫《あきお》を待っていた。桂木が秘書とともにベンツでやってきたのは午前十一時ごろである。人気のないゲストハウスの一室で、田中は桂木と向き合った。

リーマン証券をどうするつもりなのかという問いに、桂木は当初はっきりした方針を示さなかった。田中の眼には、桂木自身が当惑しているようにも見えた。が、本社が倒れれば資金繰りに窮することは桂木もよく分かっている。一時間近いやり取りの末、桂木は言った。

「分かりました。手を上げることにします」

田中はすぐさま金融庁幹部に連絡し、営業継続断念と法的処理の方針を伝えた。だが、市場が開く翌朝までに法的手続きを終えるには時間が足りない。田中は金融機構局による支援態勢を組み、日本法人に申請書類を大至急作成させることにした。同時に旧知の裁判官を介して民事再生担当の裁判官を紹介してもらい、直接電話で頼み込んだ。

「急を要する事態です。このままでは火曜日に日本の金融市場が大混乱になる」

民事再生法を申請する際は、週末の金曜日までに書類を用意し、裁判所とも下打ち合わせした上で週明け月曜日に申請するケースが多い。田中はこの段取りをスキップする「迅速処理」を頼んだのだ。日銀では、破綻処理を知り尽くしたスタッフが東京地裁とも連絡を取り合いながら、混乱回避のために保全処分の対象外とすべき債務を指定していく。顧客からの預かり金や保護預かり有価証券、デリバティブ決済など全部で一一項目に及んだ。

午後四時前、米国時間の十五日未明、米リーマン本社が連邦破産法の適用を申請する。衝撃が広がる中、金融庁はこの夜、日本法人に対し二日間の業務停止命令を発出した。

九月十六日、火曜日。日本法人リーマン・ブラザーズ証券は、金融機構局のスタッフに伴われ、朝一番で東京地裁に民事再生法の適用を申請した。負債総額三兆四三一四億円、戦後二番目の大型倒産だった。金融機構局の担当者は、十五日が祝日だったことが日本の金融システムにとって不幸中の幸いだったと述懐し、「もし祝日でなかったら、市場が開いているときに処理をしなければならなかった。想像しただけでぞっとする」と話している。

米国発のリーマン危機はその後、想像を絶する規模で世界経済を揺さぶっていく。

各国で株価が暴落し、中央銀行による資金供給にもかかわらず、金融市場は凍りついた。リーマン破綻のその日に証券三位のメリルリンチがバンク・オブ・アメリカに身売りし、翌日には大手保険会社AIGがFRBから緊急融資を受け、公的管理下に入る。二十五日にはワシントン・ミューチュアルが破綻、二十九日には米銀ワコビアが身売りに追い込まれた。一九二〇年代の大恐慌を彷彿《ほうふつ》させる危機の連鎖に、最大七五兆円の公的資金で不良債権を買い取る金融安定化法案が米議会に諮られるが、二十九日の下院でよもやの否決。ニューヨーク株価が史上最大幅の暴落を演じ、修正の上で成立にこぎつけたのは十月三日だった。

リーマン・ショックは日本も直撃し、鉱工業生産は二桁のマイナスを記録、自動車・電機など主力メーカーは軒並み生産調整に追い込まれた。さらに、大和生命保険が資産悪化で突如破綻し、株価が暴落する。日経平均は十月二十七日に七一六二円九〇銭とバブル後最安値を更新し、急激な円高・ドル安も重なって、景気はつるべ落としの状態となった。

十一月には日本で活動する欧米の外国銀行がコール市場で資金を取れなくなり、日銀の金融市場局と金融機構局がメガバンクなどの資金担当役員を本店に招集し、外銀への円滑な資金供給を訴える緊急会議を開いた。また、リーマンと取引の多かったあおぞら銀行（破綻した日債銀の後身）や新生銀行が一時資金繰り危機に直面し、債権流動化などで何とか危機を乗り切ったのも十一月のことである。あおぞら銀行と新生銀行はこの半年後、金融庁の指導も受けて合併で基本合意するが、結局実現には至らなかった。

リーマン危機がさらに深まった十二月一日。日銀副総裁の山口廣秀《やまぐちひろひで》に突然電話がかかってきた。電話の主は日産自動車の最高執行責任者（COO）、志賀俊之《しがとしゆき》である。

思いも寄らぬ志賀の申し入れに、山口は言葉を失った。

「うちのCP（コマーシャルペーパー）を日銀で引き受けて頂けないでしょうか」

金融市場では強い疑心暗鬼から資金供給が細り、企業金融が逼迫《ひっぱく》していた。特に輸出企業は海外でドルの調達難に直面し、国内でも頼みのCP市場でクレジットクランチ（信用収縮）が発生し、足元の運転資金すら枯渇しかねない厳しい状況に追い詰められていた。CPとは企業が発行する無担保の約束手形で、短期資金調達の命綱である。

メーンバンクの「頭越し」の要請に驚きながらも、山口は丁重に返した。

「資金繰りの話でしたら、メーンバンクと相談して対応を考えるのが筋ではないですか」

かつて日産自動車の主取引銀行は日本興業銀行だった。しかし、CP・社債市場の拡大とともに企業の銀行離れが加速度的に進み、日産の経営からメーンバンクの存在は事実上消えていた。今後の手順について助言を得た志賀は、納得して電話を切ったという。

資金調達に窮していたのは、日産だけではなかった。オリックスや日本電気（NEC）からもこのころ悲鳴が上がり、程度の差こそあれトヨタもホンダもCP発行で困っていた。このため、危機の真っただ中に首相となった麻生太郎《あそうたろう》は、財務、経済産業、金融庁、日銀の幹部を公邸に集め、支援策の検討を指示。三菱東京UFJ、みずほ、三井住友のメガバンク三行のトップがそろって白川を訪ね、CP買い入れを頼み込む異例の陳情も同じころ行われた。

白川は当初、企業金融というミクロの資源配分に日銀が直接関与することには慎重だった。ある担当者は「これは中央銀行のやる仕事ではないと総裁に叱責された」と打ち明ける。しかし、暮れに向けて事態が切迫し、日本政策投資銀行がCP買い入れを発表したことから、結局、背中を押されるように日銀もCPと社債の買い入れを年明けに決定。さらに銀行保有株式の買い入れを再開し、前例のない銀行への劣後ローン供与にも踏み切った。

ただ、この間、FRBがリーマン危機対応として住宅ローン債権や担保証券を直接買い取る「信用緩和」を次々と打ち出し、十二月には米国史上初のゼロ金利政策に踏み切ったことで日銀への不満と圧力が再び高まっていく。円相場もリーマン・ショック前の一ドル＝一〇七円台から年末には九〇円を割り込み、景気は瞬く間に坂道を転げ落ちていった。

破綻処理の締めに「ペイオフ」

二〇〇九年（平成二十一年）夏の総選挙で民主党が圧勝し、鳩山由紀夫《はとやまゆきお》内閣が発足した。ねじれ国会は解消されたが、「脱官僚支配」を力むあまり、霞が関との足並みがそろわず、政策は迷走した。一方、リーマン後の大混乱は春先にいったん小康を得たが、秋にギリシャの財政統計に虚偽が判明し、波状的な欧州債務危機へと発展する。長引く危機は円高を加速させ、国際商品市況の低迷も相まって、日本で再びデフレ圧力が高まっていった。

新内閣で金融担当相となった国民新党代表の亀井静香は、中小企業対策として借金の返済猶予（モラトリアム）に取り組むと突如宣言。返済条件の緩和に応じる「努力義務」を金融機関に課す「中小企業金融円滑化法」が十一月に制定され、その後三年余り続いた。

この間、金融機関には四三七万件の申し込みがあり、うち九三％で返済条件の変更が認められた。リーマン危機後に拡充された信用保証制度と併せ、中小企業の延命や再生に貢献したとの評価がある半面、貸し手と借り手双方のモラルハザードを助長したとの批判もまた絶えることはなかった。

二〇一〇年（平成二十二年）一月、日本航空が会社更生法の適用申請に踏み切ったころ、金融庁と日銀が、ある銀行の破綻処理の準備に取りかかっていた。

危機に瀕していたのは、竹中チームの中核だった木村剛が金融庁顧問の退任直後に設立を提唱し、〇四年に開業した日本振興銀行である。

自ら関わった金融再生プログラムに「銀行免許認可の迅速化」が盛り込まれたのを機に、木村は貸し渋り解消を掲げ、異例のスピードで竹中平蔵から銀行免許を取得。自著『竹中プランのすべて』の中でも「新陳代謝がないと寡占《かせん》の弊害が出る。新銀行が登場すれば、貸出市場は正常化される」とその意義を強調した。通常の銀行と違って決済業務は全く行わず、定期預金だけを受け入れ、中小企業向け融資に特化するというユニークなビジネスモデルだったが、ずさんな審査で不良債権が膨らみ、瞬く間に経営難に直面していた。

金融庁と日銀は、振興銀行とともに、東京都知事の石原慎太郎《いしはらしんたろう》の肝煎《きもい》りで設立された新銀行東京を「二つの問題銀行」と考え、同時破綻処理の可能性も視野に入れて監視を続けていた。だが、新銀行東京は二〇〇八年春に東京都から四〇〇億円の追加出資を受け、当面の延命に成功する。振興銀行についてもリーマン危機が発生したため、一時先送りされていたが、ようやく処理できる環境が整ったと判断したのである。

振興銀行が破綻した場合はペイオフ発動――。この方針は二〇一〇年一月の時点で確立していた、と複数の当局者が証言する。一〇〇〇万円を超える大口預金者が限られていたことに加え、同行が決済性預金を扱っておらず、日銀ネットにも接続されていなかったからだ。

日銀出身の木村剛は設立時から古巣日銀との取引を希望し、当時総裁だった福井俊彦も当初前向きだったと言われるが、現場が「将来破綻が確実な銀行と取引すべきでない」と言って拒否し続けた。加えて、木村が「一〇〇〇万円までなら預金保険で保護される」とPRしながら高利で預金を掻《か》き集め、金融庁が何度たしなめても聞く耳を持たなかったことから、振興銀行に対する当局の「シンパシー」はなく、ペイオフについて再考すべきだとの意見も皆無だったという。

破綻が決定的となったのは、金融庁の立ち入り検査で電子メールの削除など検査妨害の疑いが浮上し、二〇一〇年七月に木村を含む新旧経営陣が逮捕されたことである。

捜査当局の動きに不安を感じた預金者の解約が殺到し、九月期決算で債務超過に陥る見込みとなったため、振興銀行は九月十日、預金保険法七四条に基づき「その財産をもって債務を完済することができない」旨の申し出を金融庁に行い、東京地裁に民事再生法の適用を申請する。金融庁は直ちに業務停止命令を発動、「金融整理管財人」に預金保険機構を選定した。史上初のペイオフ計画が、一気に動き出した。

実務を担う預金保険機構は、実際はかなり早くからペイオフ実施に向けた準備を進めていた。振興銀行の預金者の実態や四七都道府県に開設された一〇五支店の状況を詳細に調べ上げ、事前に店舗の外観を写真に撮ったり、口座の「名寄せ」や預金払い戻しのシミュレーションを密かに行ったりした。また、破綻後には預金者からの問い合わせが殺到すると見て、預金保険機構の一室に電話回線を三〇本ほど増設し、オペレーターも臨時増員した。破綻が決まった時点で、ほぼ万全の態勢が組まれていたのである。

週明け九月十三日、派遣された預金保険機構の職員が立ち会う中、本店を含む全国一六店舗に対象を絞って預金の払い戻しが再開された。機構内の臨時電話は一週間ほど鳴りやまなかったが、預金支払いに絡む現場での混乱はなかったという。

このとき預金保険機構の理事長代理だった田邉昌徳は、日銀で信用機構局に在籍し、多くの破綻処理に関わってきた。自らペイオフを指揮することになった不思議な巡り合わせについて、「失敗は許されないという緊張感はあったが、ついにペイオフを実施したというような感慨はなかった」と回想する。振興銀行はその後六年八ヵ月かけて清算され、一〇〇〇万円超の預金総額の三九%に当たる四一億円分がカットされた。

平成の破綻処理において、ペイオフは残された「最後のカード」だった。大蔵省は一九九五年にペイオフを二〇〇一年三月末まで凍結する方針を決定したが、与党側の要求で解禁時期が先送りされ、〇二年四月から定期性預金に限って解禁。その後、決済用預金を恒久的にペイオフ対象から外した上で、〇五年四月に何とか本格的な解禁にこぎつけていた。

ペイオフとは銀行を清算し、預金を強制的に払い戻すことだが、広義には預金など債務の一部カットと理解されている。この点で遡ると、ペイオフではないが、金融機関の破綻で預金が一部カットされたことが平成の初期に一度だけある。

一九九二年七月にバンク・オブ・クレジット・アンド・コマース・インターナショナル（BCCI）の東京支店が特別清算された際、五三七億円の預金が一部カットされているのだ。在日外銀は預金保険に非加盟のため、石川島播磨《いしかわじまはりま》重工業など事業法人や信用組合に加え、個人の預金者も損害を被ったが、当時大きな社会問題にはならなかった。

平成の金融破綻は、BCCIに始まり、日本振興銀行で幕を閉じた。数奇なことに、入口も出口も「預金カット」だった。

金融当局のまとめによると、平成期の預金金融機関の破綻は一八二件、うち銀行が二二、信用金庫二七、信用組合は一三三。平成元年時点で預金金融機関は九九〇あったので、実に一八％強が消滅したことになる。昭和金融恐慌の破綻比率は一六％程度と言われ、直接比較できないものの、これに比肩する規模の危機だったことは間違いない。

また預金金融機関以外にも、生命保険八社、損害保険一社が破綻し、証券会社でも投資者保護の枠組みが使われた破綻事例が七件あった。

白川の窮境、安倍の復権

二〇一一年（平成二十三年）一月、中国の前年のGDPが発表され、日本を抜き世界第二位となったことが確認された。停滞を続ける日本経済は、リーマン危機から徐々に立ち直りかけていたが、東日本大震災と超円高のショックで再び奈落《ならく》の底に突き落とされる。

三月十一日、マグニチュード九・〇、最大震度七の大地震が発生した。大津波と未曽有の原発事故により、日本は壊滅的な打撃を受ける。多数の死者・行方不明者、家屋や農地・インフラの消失に加え、供給網の寸断で生産が停止。三月の鉱工業生産指数は史上最大の落ち込みとなり、マイナス成長に転落、株価も連日暴落した。

また、当初ギリシャだけの問題と考えられていた欧州債務危機が、その後アイルランド、ポルトガル、スペイン、イタリアへと飛び火していった。各国で国債価格が急落し、これを大量保有する欧米の銀行に損失が発生、再び国際的な金融不安が増幅していく。

こうした苦境に喘ぐ日本経済をさらに追い詰めたのが、円高の進行だった。震災後には日本が海外資産を円に換えるのではないかとの観測が広がり、欧州債務危機が深まると、今度は「円は安全資産」との理由で買いが膨らみ、円高が進む。

ＦＲＢが二〇一〇年秋に第二次量的緩和（ＱＥ２）、一二年一月にインフレ目標設定、同年秋に第三次緩和（ＱＥ３）と非伝統的政策を次々と繰り出し、米国債などを大量に買い入れた影響も大きかった。ドル金利がゼロ％に下がったのに対し、円金利は早くからゼロ近辺にあったため、日米の金利差を広げることができず、円高・ドル安に一層拍車がかかった。円ドル相場の推移を見ると、サブプライム問題が出始めた二〇〇七年六月の一ドル＝一二四円台を底に、一一年十月には戦後最高値の七五円台をつけ、欧州債務危機が収まる一二年夏ごろまで超円高は止まらなかった。

政府・民主党だけでなく、野党自民党からも円高デフレへの対応を求める声が次々と噴き出し、白川の総裁任期中の政策発動は、ＣＰやＥＴＦ（指数連動型上場投資信託）の買い入れ導入、長期国債の買い増しなどを含め一八回にも及んだ。当時、金融政策決定会合は年一四回開催されており、在任期間中、ほぼ四回に一度のペースで金融緩和が積み重ねられていった計算になる。

なかでも、二〇一〇年十月に導入された「包括緩和」は、①ゼロ金利政策の導入②実質ゼロの継続時期の明確化③国債や社債、ＣＰ、ＥＴＦ、不動産投資信託（J-REIT）などを買い取る基金の創設――の三本柱で構成されるハイブリッド型の政策で、その後展開される質的・量的緩和の原型とも言えるものだった。

さらに二〇一二年二月には、FRBのインフレ目標を追うように、日銀の目標物価上昇率について「(CPI上昇率で)二%以下のプラスの領域にあり、当面は一%を目途とする」という「中長期的な物価安定の目途」も公表する。ただ、白川は「目標」ではなく「目途」という表現にこだわり、英文表記でも「Target」は採用せず、「Goal」を選んでいる。

リーマンから大震災、欧州危機と逆風が続く中、白川は「非伝統的手段」を次々と繰り出し、その結果、日銀の総資産は任期中に四五%増となる五一兆円膨張し、二〇一四年には約一三〇兆円増えるレールを敷いた。企画ラインの一人は「将来の出口も考えながら、ありとあらゆる手を打った。白川時代の政策は積極果敢だったと思う」と主張する。

ただ、それでも白川の在任中、日銀への不満と不評が絶えることはなかった。政治が求める円高是正に応えることができず、「欧米に比べて、一つ一つの緩和がツー・リトル、ツー・レイト(小さすぎて遅すぎる)と映った」(別の日銀幹部)からだ。同時に、白川自身が非伝統的手法の効果に内心疑問を持ち、副作用を懸念し、言葉の端々にそうした「本音」がにじみ出た影響も小さくなかった。財務省だけでなく、日銀の現場にも「多分効かないだろうと言いながら、薬を処方するようなもの」との批判がくすぶり、見るに見かねたOBが「匍匐《ほふく》前進のような政策はやめるべきだ」と首脳部に直言したこともあったという。

この時期に消費税論議が高まったことも、白川を窮境に追い込む一因となった。与野党の増税反対派は、大胆な金融緩和で成長率が上がれば税収が増え、消費増税は不要になると主張した。片や、推進派の議員たちは、消費増税を実現するにはデフレ克服が不可欠だとして、同じく大胆な金融緩和を要求した。やがて政府と日銀がアコード（政策協定）を結び、デフレ脱却を図るべしとの見解で双方が合流し、これに経済界や一部のマスコミ、学界も加わり、大規模緩和や日銀法改正を促す「時代の空気」を形作っていく。

かつてない圧力に押し込まれながらも、一方で白川は長い実務経験に基づく確信を持っていた、と周辺は言う。第一に、量的緩和は金融システム安定には貢献するが、実体経済にはさほど効かないこと。第二に、過剰な緩和には、バブルなど「金融不均衡」のリスクが常にひそんでいること、そして量的緩和の効果を過剰に喧伝しながら金融政策を行うと、際限のない国債の買い入れに追い込まれ、将来取り返しがつかなくなるということである。

日本を徹底研究したはずのＦＲＢがリーマン危機を招いた理由について、白川は「ＩＴバブル崩壊後に積極的に緩和すれば低成長は防げると考えた政策論（ＦＥＤビュー）の過ち」と指摘する。また、問題解決を金融緩和のみに頼る世界的な風潮を「金融政策万能論」と批判し、財政再建や構造改革に真正面から取り組むべきだと退任後も主張し続けている。

二〇一二年（平成二十四年）十一月、消費税率引き上げの三党合意を踏まえ、衆議院が解散された。九月に自民党総裁に返り咲いた安倍晋三は、一貫して「無制限の金融緩和によるデフレ脱却」を掲げ、選挙戦に突っ込んでいく。

二〜三%のインフレ目標設定を唱える安倍の周囲には、一九九〇年代から日銀批判を続けてきた自民党の山本幸三をはじめ、「デフレは貨幣的現象であり、量の拡張によって解決できる」と主張するエール大学教授の浜田宏一《はまだこういち》、学習院大学教授の岩田規久男、元財務官僚の本田悦朗《ほんだえつろう》、髙橋洋一《たかはしよういち》、元日銀審議委員の中原伸之らリフレ論者が集結していた。

自民党は選挙公約に二%の物価目標を設定し、日銀法改正も視野に政府・日銀の連携強化の枠組みを作り、大胆な金融緩和を行うと明記した。無制限緩和という安倍のメッセージに市場は沸き立ち、原発稼働停止に伴う貿易赤字への転落と欧州危機の収束も相まって円安・ドル高が加速、株価も急上昇を始める。「アベノミクス相場」の始まりである。

十一月十七日、遊説先で安倍は、公共投資の必要性を訴え「建設国債はできれば日銀に全部買ってもらう。これで新しいマネーが強制的に市場に出ていく」と発言する。財政法で禁じられた国債引き受けを思わせる発言に、白川は二十日の会見で直ちに反論した。

「中央銀行が国債の引き受け、あるいは引き受け類似の行為を行うと通貨の発行に歯止めが利かなくなり、様々な問題が生じる」

あくまでも一般論と断った上での発言だったが、これに安倍が再反論し、民主党もこの論戦に加わったこともあって、金融政策が総選挙の大きな争点となっていった。

十二月十六日。自民党は総選挙で圧勝し、三年ぶりの政権復帰を決めた。その二日後、白川が自民党本部を突如訪れる。安倍が首相に就任する前に、日銀のスタンスを一度伝えておこうと考えたのだ。が、安倍はこれ幸いと切り出した。

「二％のインフレ目標を実現するため、政策協定を結びたい。ご検討頂きたい」

白川は「政策委員会で十分議論し、政府ともよく話し合っていきたい」と返し、具体的な約束はしなかったという。

そんな中、次期首相と日銀が対立したままでは経済運営に支障を来すと考え、調整に動き出したのが財務省だった。事務次官の真砂《まなご》靖《やすし》は、安倍の圧勝を見届けた上で、「新たな文書」を作成すべきである、と日銀副総裁の山口廣秀に提案した。

政府と日銀の間では、この年の十月、民主党の野田《のだ》佳彦《よしひこ》政権下で「デフレ脱却に向けた取組について」と題する文書が取り交わされていた。脱デフレをともに目指すという「精神規定」のような内容だったが、安倍の大勝利という現実を前に、民主党時代の文書ではとても持ちこたえられない、と真砂らは考えたのだ。

財務省と日銀の間には、意見交換の「ルート」がいくつかある。代表的なものは総括審議官と企画担当理事による経済運営に関する定期協議。もう一つが財務次官と日銀副総裁による会合で、「重要事項」はここで議論されることが多い。

このころ総括審議官だった佐藤慎一《さとうしんいち》は、日銀理事の門間一夫《もんまかずお》に対し、解散直後から「自民党がきっと勝利し、新たな文書が必要になる」と言い続けていた。だが、白川や山口は、安倍の真意を見極める必要があるとして、選挙が終わるまで表立った動きは控えていた。財務省は解散の後、安倍に近い議員を通じて「いきなり二%を書かせるのは難しい」というサインを送ってみたが、安倍の怒りにあえなくはね返される。「正式に総理に就任するまで、日銀総裁に指示を出すことだけは控えてほしい」と訴えるのが精いっぱいだった。

そんな水面下の攻防もあり、「新たな文書」を正式に提案された日銀は身構えた。十月の文書は確かに「民主党時代の作品」ではあるが、よくよく考えてみれば、政府・日銀の合意文は政権交代を理由に変更するような性格のものではない。しかし、国民の支持を得た安倍政権と決定的に対立した場合、金融政策は、日銀という組織はどうなってしまうのか――。さまざまな不安と疑問が交錯し、白川らは考え込んだ。

白川は十二月二十日の金融政策決定会合で、一月の次回会合までに物価目標について再検討するよう事務局に指示し、一ヵ月の検討期間を確保した上で財務省との折衝に臨む。

円安・株高の流れが一段と加速する中、第二次安倍内閣は十二月二十六日、発足した。

共同声明の攻防と引き際

新たな文書をめぐって、日銀側にはどうしても譲歩できないポイントがいくつかあった。「二％の明記」「達成時期」「政府の役割」、そして「金融システムの安定化」である。

十月の文書では物価目標について「二％以下のプラスの領域にあり、当面は一％を目指して」と書かれている。いきなり二％を掲げると長期金利が跳ね上がる恐れがあるというのが表向きの説明だったが、低インフレ体質の日本で二％の達成は当面難しい、と白川らは考えていた。そんな実現困難な目標を期限付きで掲げるなど、中央銀行として無責任極まりない、というのが本音だった。

デフレ脱却には金融政策だけでなく、政府による構造改革や成長戦略が欠かせないというのも日銀の一貫した主張だった。同時に、金融緩和でバブルが発生したり、利ざやの圧縮に直面した銀行が過度なリスクを取ろうとしたりした場合、金融システム安定のため、二％未達成でも緩和を打ち切る可能性がある点もまた譲れない条件と考えていた。

対する財務省は、「金融政策は経済運営のツールに過ぎない」と割り切り、何より新政権の経済政策「アベノミクス」と日銀の政策が整合的に行われることが重要だと考えた。

財務大臣に麻生太郎が内定したことを嗅ぎつけるや、幹部らは事務所に詰めかけ、一足早く「ご進講」を開始する。アベノミクスの柱は金融緩和だが、成長戦略も不可欠であり、機動的な財政出動も考える。何より三党合意に基づく消費税率の着実な引き上げとその先にある財政健全化への取り組みが重要なのだ、と麻生に繰り返し説明した。

この「ご進講」と並行する形で、財務次官の真砂と副総裁の山口による話し合いは、もっぱら電話会談を中心に、時に直接会談も交えながら、次第に熱を帯びていった。

二〇一三年（平成二十五年）の年が明け、「総理が二％の達成期限をアコードに明記しろと言っている」との情報が首相官邸から財務省に入る。

安倍自身、二％達成には政府側の努力も不可欠だと主張する日銀を「責任逃れ」と批判し、二％達成の期限を明示させ、日銀に全責任を負わせるべきだと考えていた。

一月九日に開かれた最初の経済財政諮問会議。公式の場で二人は初めて対峙《たいじ》した。

白川「デフレ脱却は金融面からの後押しと成長力強化に向けた取り組み、この二つが相まって初めて実現していく。日本銀行の果たすべき役割はしっかり果たしていきたい」

政府にも努力を求めた白川の長い演説が終わると、議長の安倍が突然「一言話をさせて頂く」と割り込む。白川の発言に我慢できなかったのである。

安倍「一〇年間ずっとデフレが続いてきた。（中略）大切なのはここで対話して認識を一致させ、目標を共有する。二％という目標に向けて、これはもう大胆な金融緩和をやってください、日本銀行はひとつ責任を持ってやってください」

日銀に責任を求める安倍の迫力に、会場は静まり返った。さらに安倍はこの日、ブレーンである中原伸之らに電話し、「金融有識者会議」の開催を持ちかけた。あるべき金融政策の方向性を専門家に提示してもらい、官邸主導でねじを巻こうと考えたのだ。

安倍と白川の対立が影を落とし、日銀と財務省の調整は年明け後も思うように進まなかった。あくまでも四項目をパッケージとして書くよう求める日銀に対し、財務省は官邸の意向を踏まえて「それでは総理がうんと言わない」と押し返し続けた。

新たな文書を何と呼ぶかも問題になった。「アコード」と呼ばれる政府と中央銀行との協定は、一九五一年に米国で交わされたが、当時はFRBの独立性を確立するのが主目的だった。これに対し、安倍が求めるアコードが日銀の独立性を制約し、金融政策への影響力拡大を狙っているのは明白である。白川は「アコードとはすなわち協定のことであり、絶対に駄目だ」と拒み続けた。

あまりに強い総裁の反発を受けて、山口はある日、真砂にこんな話をする。

「場合によっては、総裁は辞任するかもしれません」

山口は白川に断りを入れた上で、この警告を発した。一瞬驚いた真砂だったが、白川の物静かだが一徹な性格を考えると、抗議の辞任に踏み切る可能性もゼロではないと察し、官邸と日銀双方に受け入れ可能な文書の取りまとめに奔走することになる。

あるとき麻生と向き合った総括審議官の佐藤は、「アコードは中央銀行の独立性強化に使われた言葉で、方向が逆です」と言い、「むしろ政府と日銀が互いを尊重し、デフレ脱却に向けて協力するという意味で『共同声明』の方がいい。共同声明ならカナダや豪州にも実施例があります」と提案する。外相経験のある麻生は「共同声明」の響きに飛びついた。

後日、官邸を訪れ、安倍を説得したときの麻生の言葉がふるっている。

「総理、アコードなんて、そんな車みたいな名前は駄目ですよ」

大胆な金融緩和さえ行えばデフレ脱却できるという「首相の一本足打法」（財務省幹部）に対し、麻生は一貫して懐疑的だった。実際、麻生は選挙期間中に氷川寮で白川と会い、金融政策の説明を受けているが、このときも白川と全く同意見だったという。財務相に就いた後も、「日銀総裁のメンツを潰しちゃいかん」と言い続けていたのを周囲が覚えている。

辞任含みの緊迫したやり取りの末、「政府の役割」と「金融システム」を書き込むことを条件に、白川が二％目標を受け入れたのは一月十日過ぎだった。アベノミクスに沸く市場や世論に抗しても勝ち目は薄く、むしろ「機械的かつ無条件に二％の実現を追求しなくても済むようにするための闘い」に移行した方が賢明だと判断したのである。

ただ、白川は二％は認めても、達成期限を明記することは絶対に駄目だと一歩も退《ひ》かない。安倍もまた、時期を明示するよう指示したまま動かない。そこで財務省と日銀の事務方は「できるだけ早期に達成」という最終案で握った上で、原案には「中長期的に達成」と書き、これで押せるところまで押す作戦に出る。そして、安倍が麻生を呼び「中長期的では遅すぎる」と言うのを待って、最終案を提示し、ぎりぎり了解を取り付けることにした。

都心まで大雪に見舞われた一月十四日、成人の日。安倍から電話を受けた元日銀審議委員の中原と、同じくブレーンであるエール大学の浜田宏一、学習院大学の岩田規久男、元財務官僚の本田悦朗が六本木の国際文化会館に集まる。「金融有識者会議」の開催を翌日に控え、四人は「物価上昇率二％明記」「期限は二、三年」を提案することを申し合わせた。

一方、リフレ派の動きを察知した財務省も動いた。同じ日に赤坂の日銀氷川寮で白川と麻生、それに経済再生担当相の甘利明《あまりあきら》による非公式の会議を開き、共同声明の文言を固めてしまったのである。「できるだけ早期」を入れた最終文案は翌十五日午前十時過ぎ、麻生と甘利から安倍に直接伝えられた。

首相肝煎りの「金融有識者会議」は、このあと正午から始まった。エール大学の浜田が「ようやく自分の説が聞いてもらえるようになった」と相好《そうごう》を崩し、中原は「日銀は唯我独尊であり、何が起きても責任を取らない。教育委員会に似ている」と〝古巣〟を批判した後、「二％の物価目標は日銀の単独の責任において達成する」などとする独自の共同声明案を安倍や麻生らに手渡した。

がしかし時既に遅く、リフレ派の巻き返しは不発に終わる。この三日後、白川と麻生、甘利の三人は都内のホテルで正式会合を開き、最終案で合意した。有識者会議を挟んで三者会談を二回セットし、共同声明案を覆せないよう仕組んだ財務省の作戦勝ちだった。実際、有識者会議の直前、安倍は中原を執務室に招き入れ、今後の巻き返しをこう口にしたという。

「対日銀は、長期戦でやります」

一方、最後まで悩みながらも白川が共同声明の最終案を呑んだのは、アベノミクスを支持する「時代の空気」が広がる中、ここで判断を誤れば政権と日銀の関係が決定的に悪化し、日銀法改悪につながりかねないと考えたからだった。日銀法の再改正を求める声はまず民主党で起こり、みんなの党、自民党へと広がっていた。「言うことを聞かないのなら、法律を変えてでもという相当強い雰囲気」を日銀首脳部はひしひしと感じていたのである。

一月二十二日。金融政策決定会合で二％の物価目標設定が決まり、このあと財務省、内閣府との連名で共同声明が発表された。声明には①日銀は物価安定目標を消費者物価の前年比上昇率で二％とする②金融緩和を推進し、できるだけ早期に実現することを目指す③政府は成長力強化と持続可能な財政構造の確立に取り組む——の三項目に加え、「金融面での不均衡の蓄積を含めたリスク要因を点検し（中略）問題が生じていないかどうかを確認していく」とも付記された。バブルなど不均衡の恐れがある場合は、緩和打ち切りもあるという日銀側の主張が込められていた。

安倍の狙い通りだったとも、白川が徳俵で踏みとどまったとも言える微妙な内容だった。ただ、金融政策の主導権が安倍の手に渡ったことは明らかで、一カ月以上の長い調整過程で白川がこんな言葉を何度か漏らしたのを、周囲が記憶している。

「このような文書で、後世歴史の評価に堪えられるだろうか」

二月五日夕、白川は官邸を訪れ、四月の任期満了を待たず、副総裁の任期が切れる三月十九日に繰り上げて辞職する、と安倍に伝えた。総裁人事をめぐる五年前の混乱で正副総裁の任期がずれたため、後任の新体制がそろって円滑にスタートできるようにしたと白川は説明したが、「抗議の辞職」と受け止めた関係者も少なくなかった。

任期を終えた日銀総裁には、時の首相が慰労の会を設けるのがしきたりとなってきた。だが、安倍が白川に声をかけることはなく、代わってねぎらいの席を用意したのは麻生だった。

「黒田バズーカ」の威力とその限界

共同声明の出来栄えに安倍が内心不満だったことは、時を置かず明らかになった。

白川が辞意を伝えた二日後の衆院予算委員会。安倍は「日銀が日銀の責任として二％を実現すると約束して頂いた」と答弁し、「政府の役割」に一切触れることなく日銀責任論を繰り返した。また「デフレは貨幣的現象」と言い、リフレ派に近い考えも国会で披瀝した。

その三週間後、安倍の思いは白川の後任人事でさらにはっきりとする。財務省は当初、五年前にいったん消えた武藤敏郎総裁を実現させようと、麻生を介して何度も働きかけていた。だが、「レジーム・チェンジ（体制転換）」を唱える安倍は、二〇〇六年の量的緩和解除で武藤が中心的役割を担ったことなどを理由にこれを拒み、同じ財務省OBながら痛烈な日銀批判を続けてきたアジア開発銀行総裁の黒田東彦に白羽の矢を立てる。財務省幹部は「共同声明でこつこつ積み上げたのに、人事で全部ひっくり返された」と天を仰いだ。

また、副総裁についても、山口廣秀の再任を求める日銀の要請をはねつけ、日銀理事の中曽宏を一本釣りし、さらにもう一人の副総裁に日銀の「天敵」だったリフレ派の岩田規久男を選任する。麻生は後に「総理は本当は岩田を総裁にしたかったが、黒田で我慢した。武藤総裁を願った財務省は黒田で我慢し、山口再任を望んだ日銀は中曽で我慢した。つまり三方一両損だ」と周囲に解説したという。

思わぬ形で総裁の座が転がり込んだ黒田だが、その決意には当初から並々ならぬものがあったようだ。内示を受ける前の二〇一三年一月初旬、マニラから一時帰国した黒田が、二％の物価目標について、こんなことを口にしたのを財務省幹部が覚えている。

「二年あればいい。二年と言って、実行する。そのぐらいの気合でやらないと駄目だ」

財務省幹部は、慌てて「それは総理には言わないで下さい」とクギを刺した。黒田の視野には、総裁に選ばれる前から「二年」の達成期限が既に入っていたのである。

実際、黒田は内示後の国会での所信聴取で「二％の早期実現は可能で、二年程度を念頭に置いている」「強いコミットメントを示し、物価上昇の期待を作る」と宣言した。就任後初の衆院予算委員会でも過去の緩和政策を批判し、「日銀としても反省すべき」と言い切った。

黒田以上に踏み込んだのが副総裁の岩田である。所信聴取で「二年二％」に自信をのぞかせ、達成できなかった場合の「最高の責任の取り方は、辞職すること」と答弁した。就任時の記者会見でも「できなかった時に『自分たちのせいではない。他の要因によるものだ』とあまり言い訳をしない。そういう立場に立っていないと市場が金融政策を信用しない」とまで言った。

これに対し、「進駐軍」を迎え入れた日銀の職員たちは、当然ながら困惑した。誰が黒田になびき、誰が白川路線を守るかを「黒か白か」と声をひそめて囁き合い、あるベテラン職員が「我々のやってきたことは間違いだったのか」と幹部に問い質す場面もあった。

半面、企画ラインには、白川の下で「もっとやれるのにやらせてもらえない」という鬱積《うっせき》した思いもあった、と別の幹部は述懐する。「ゲームチェンジャーが必要だった」という表現で、局面を一気に変える力を黒田に期待したと話す幹部もいた。政策参謀となる企画担当理事には、白川と政策思想の異なる大阪支店長の雨宮正佳が呼び戻された。

三月二十日に就任した黒田は「出し惜しみするなというシンプルな指示」（日銀幹部）を企画ラインに出した。これを受けて、雨宮らは「二年で二％を達成するためにどの程度の量が必要か」の検討を急ぐ。企画局のエコノミストが開発したモデルなど四種類の経済モデルを使って推計し、弾き出した答えが「長期国債を年五〇兆円ずつ買い増しし、マネタリーベースを二年で二倍に増やす」という驚くべきプランだった。

マネタリーベースとは現金と日銀当座預金の合計、つまり日銀が世の中に直接供給するお金の量である。これをコールレートに代わる新たな操作目標に定め、短期間に膨張させることで市場の物価上昇期待に働きかけようという大胆な作戦だ。同時に「量」だけでなく、E

TFや不動産投資信託（J-REIT）の買い増しという「買い取り資産の質」の面でも緩和強化を図り、合わせて「量的・質的金融緩和」と呼ぶことにした。

四月四日。就任後初の金融政策決定会合で大規模緩和を決めた黒田は、「二％、二年、二倍」というパネルを使って会見し、「これまでとは次元の違う量的・質的金融緩和だ。戦力の逐次投入はせず、現時点で必要な措置はすべて講じた」とアピールした。分かりやすさとサプライズが詰まったこの「二並び」のパネルを用意したのは、政策参謀の雨宮である。

狙い通り、市場の予想を上回る「異次元緩和」に円安・株高が一段と進み、首相官邸は「黒田バズーカ」の成果を手放しで絶賛する。黒田日銀を主力エンジンとする「アベノミクス」は、この年の流行語となった。

二〇一四年（平成二十六年）春。異次元緩和の緒戦は上々の戦果を上げた。CPI上昇率はマイナス基調からプラス一・五％前後にまで回復。株高・円安を背景に企業収益も大幅改善し、一三年度の成長率は二・六％の高い伸びを記録した。

ところが、四月一日に消費税率が八％に引き上げられ、突然雲行きが怪しくなる。増税と円安に伴う物価上昇に可処分所得の伸びが追い付かず、消費の落ち込みで景気に急ブレーキがかかったのだ。八％に引き上げられた消費税は、翌二〇一五年十月から一〇％に再引き上げすることになっていた。だが、景気の先行き不透明感を背景に、予定通り再増税すべきかどうかが、次第に政治の争点となっていった。

第二弾の異次元緩和策が、意表を突く形で発表されたのは、そんな消費税論議の真っただ中、十月三十一日のことである。長期国債の年間の買い増し額を五〇兆円から八〇兆円に引き上げ、ETFなどのリスク資産についても三倍増のペースで買い入れるという「バズーカII」は、金融政策決定会合で賛成五、反対四の僅差《きんさ》の末に決まった。

ちょうどFRBが量的緩和の終了を決めた直後であり、公的年金資金を運用する年金積立金管理運用独立行政法人（GPIF）が資産構成を見直し、株式の運用を増やすという発表とタイミングが重なったことから、市場はこれを歓迎し、円安・株高が爆発的に進んだ。「黒田バズーカ」の威力はまたしても絶大だった。

この追加策をめぐっては、財務省出身である黒田が消費税の再増税を「後押し」するために行ったものだとの解説が、永田町や霞が関でさかんに流れた。株価が上昇すれば、景気の先行き不安が解消され、再増税しやすくなるという理屈で、その実、財務省首脳は即座に「後押しに感謝するメール」を日銀幹部に送っている。

だが、日銀の企画担当幹部は、追加策の検討は景気に不透明感が広がり始めた八月から始めており、「増税を後押しする意図などなかった」と否定する。追加緩和の規模についても、

「経済モデルを回し、どこまで増やせるか試算した」と、根拠のある数字だと力説した。

もっとも、安倍や官房長官の菅義偉《すがよしひで》は、早くから増税延期を掲げて総選挙に打って出る腹を固めていたと見られ、前触れのない追加緩和を「増税を促すシグナル」と受け止めたようだ。首相官邸に事後報告に行った財務省の複数の幹部が、「総理も官房長官もなぜか不機嫌で、（追加緩和を）歓迎していなかった」と口をそろえている。

実際、そんな「増税派」を吹き飛ばすように、安倍は十一月、再増税の時期を一年半先送りし、その判断について国民の信を問うとして衆議院を解散、十二月十四日の総選挙でまたも大勝利を果たす。「安倍一強」と呼ばれる政治基盤が、こうして築かれていった。

それから二カ月。経済財政諮問会議に出席した黒田は、自らの発言を議事録に残さない「オフレコ扱い」とするよう求めた上で、こんな話をした。

「欧州の一部の銀行は日本国債を保有する比率を恒久的に引き下げることにした。（財政収支改善に）もっと本腰を入れてやらないといけない。リスキーな状況になってきている」

増税の先送りが決まった後、日本国債は格下げされ、国債の保有量に応じて民間銀行に資本の積み増しを求める意見が欧米で出始めていた。国の借金が一〇〇〇兆円を突破する非常事態の中、黒田のオフレコ発言は、財政健全化への取り組みを安倍に訴える精いっぱいの「警告」だった。

暮れの解散・総選挙よりもはるか前、日銀内で「マイナス金利」の研究が、人知れず始まっていた。

最初は金融政策を担う企画局で始まり、翌二〇一五年（平成二十七年）の初夏までには金融市場局、業務局、システム情報局の職員も加わり、より実務的な検討に移行していった。決済システムの要である「日銀ネット」や公開市場操作に与える影響、マイナス金利の具体的な記帳方法などを一つ一つチェックし、実施可能なスキームを探るのが目的だった。

マイナス金利とは、民間銀行が中央銀行に預ける当座預金の適用金利をマイナスに設定する政策で、二〇一二年にデンマーク、一四年六月に欧州中央銀行（ＥＣＢ）がユーロ圏内に導入し、同年十二月にスイス、その後スウェーデンにも広がった。多くは自国の通貨高を防ぐのが目的で、ＥＣＢでは物価下落に歯止めをかける狙いがあった。

日銀の研究は、ＥＣＢの導入を受けて始まったが、当初、デフレ抑止とは別の「含意」が込められていた。マイナス金利を使って超過準備を圧縮する「量の正常化」、つまり異次元緩和の「出口の入口」である。この効果に着目したのが、副総裁の中曽宏だった。

仮に二％目標の達成が視野に入ってきた場合、次のテーマは、いかにして混乱なく超過準備を圧縮し、金融政策の正常化を図るかに移っていく。その際、「マイナス金利を使えば、金融緩和を継続するスタンスを保ちながら超過準備を減らすことができる。こんなうまい組み合わせは他にない」と中曽は覚知した。また、現場から研究成果を聞いた日銀OBも、「マイナス金利は量を圧縮する過程で金利が跳ね上がらないようにする『逆櫓《さかろ》』の役割を果たす」とその狙いを看破した。

ECBでは、法定の準備額を超える超過準備全体にマイナス〇・三％の金利を適用していた。マイナス金利の下では、預金を預ける側が金利を支払う必要があるため、民間銀行は損失回避のために準備預金を取り崩し、貸出や有価証券投資などに資金を回す可能性がある。量の圧縮と緩和効果を同時に見込めるのではないか、と中曽は考えたのである。

さらに、ECBに続いてスイスが半年後に自国通貨フラン高を防止するためマイナス金利を導入するが、その手法は超過準備をいくつかの階層に分け、その一部にだけマイナス金利を適用するという穏便な案だった。この方式なら民間銀行の収益悪化を最小限に抑えられるため、超過準備の緩やかな圧縮とフラン高防止の両立が可能になる。

フランクフルト事務所の調査に基づく研究結果を見て、中曽は「出口に力点を置くならECB型、緩和強化を重視するならスイス型という風に整理していった」と回想する。

これに対し、企画担当理事の雨宮正佳は早くから「長期戦に備えたオプション」としてのマイナス金利に着目していた。二％の物価目標が達成できず、量的緩和がうまくいかない場合、「いずれ金利スキームに戻さなければならなくなる」と考えていたのだ。

二度にわたる大規模緩和の結果、日銀が保有する長期国債は、既に発行残高の三割近くを占め、遠からず限界に達するとの見方が出始めていた。また、超過準備を増やすために長期国債を額面価格より高値で買い続けた結果、日銀財務が将来悪化する懸念もあった。

雨宮はしばしば「乾坤一擲《けんこんいってき》はあるが、乾坤二擲という言葉はない」という表現を使い、量の拡大に依《よ》らない新たな手法を考えるよう部下たちに指示していた。

中曽と雨宮の考え方は、一見似通っているが、「緩和の出口」が視野に入っているかどうかで全く異なっている。中曽は出口の初期段階から超過準備を圧縮することを想定し、それを促すためにマイナス金利という「ディスインセンティブ（阻害要因）」を金融機関に与えようと考えた。一方の雨宮は、出口を伺う段階にはまだ程遠いと考え、今後の長期戦に備えて量的緩和からマイナス金利にスイッチしようとしたのである。

長期に及んだ実務研究は、やがて雨宮のイメージする「追加緩和」の方向へと収斂《しゅうれん》し、中曽にとっては「出口と全く逆の使い方」をせざるを得なくなっていく。増税による消費の低迷に加えて、二〇一五年以降、中国経済の減速で原油価格が急落し、日本のCPI上昇率が再び一%を大きく割り込んだためだ。

CPIの低迷により、黒田がこだわった「二年程度での二%目標達成」は実現不能となり、達成時期は「二〇一六年度前半ごろ」「一六年度後半ごろ」と二度にわたって先送りされる。夏場には上海株式の暴落が世界同時株安へと発展し、その後、中国人民元の切り下げ観測を背景に円高・株安の流れが急速に強まっていく。アベノミクスに試練が訪れた。

十二月十八日、企画ラインは、購入する国債の平均残存期間を長くしたり、ETFを買い増ししたりする「異次元緩和の補強策」で凌《しの》ごうとしたが効果はなく、温存していたマイナス金利のカードを早く切らざるを得ない状況に追い込まれていった。

二〇一六年（平成二十八年）一月十八日。中国ショックの影響で円高はますます進み、平均株価も年明けから急落していた。参院予算委員会で野党側にマイナス金利導入の可能性を問われた黒田は、こんな答弁をする。

「量的・質的金融緩和は所期の効果を発揮している。日銀当座預金への付利は大量のマネタリーベースを円滑に供給することに資するものであり、付利金利の引き下げについては検討していない」

この当座預金の付利とは、本来はゼロである日銀当座預金に対し金利を支払う仕組みで、白川総裁時代に導入された。必要なら超過準備を維持しつつ利上げすることができる画期的な方式だが、黒田はこの付利金利をマイナスにすると超過準備が減り、量的緩和そのものに

「逆行」すると見て、否定したのである。関係者によれば、事務方によるマイナス金利研究の成果は、まだ総裁には上がっていなかった。

黒田はこのあと追加緩和の選択肢を検討するよう企画ラインに指示し、スイスに出張するが、帰国後の「御前会議」に出された選択肢の中に、そのマイナス金利が含まれていた。

関係者によると、企画ラインが提示した三つの選択肢の上位には「量の一層の拡大」が書かれ、マイナス金利は三番目に置かれていた。直前にマイナス金利を否定した国会答弁に配慮し、あえて「いの一番」には推さなかったのである。

だが、事務方の一押しは、量の拡大ではなく、あくまでもマイナス金利にあった。まず上位にある「量の拡大」の限界を詳細に説明し、その上で三番目を推す作戦だった。

長期戦に備えて「量から金利への転換」が必要だと訴える事務方の説明に、黒田はじっと耳を傾けた。事務方が出した原案は、準備預金を二つの階層に分け、マイナス金利をかなり広く適用する構造だったという。だが、この場で中曽が銀行収益への打撃が大きすぎると指摘したため、直ちに修正が加えられる。結局、超過準備のごく一部にだけマイナス〇・一％を課し、残る部分にゼロ金利とプラス〇・一％をそれぞれ適用する三層構造のマイルドな案に仕上げられた。

財務省出身らしく、下から積み上げられた議論を重んじる黒田は、円高抑制効果に期待し、マイナス金利を決断した。リフレ派の副総裁、岩田規久男は当初、国債をさらに買い増すべきだと考えたが、量を増やしても予想インフレ率を引き上げられるか自信が持てず、迷った末にマイナス金利に賛成した、と自著『日銀日記』に記している。

一月二十九日の金融政策決定会合はしかし、マイナス金利の是非をめぐって激しい議論が起き、またも五対四の薄氷の決定となる。黒田は「量、質、金利の三次元で緩和を進める」と強調したが、国民にはマイナス金利の持つ「負のイメージ」の方が大きく、市場も混乱した。さらに二％の達成時期についても、三回目の先送りに踏み切らざるを得なくなり、黒田バズーカの神通力は、このころから徐々に失われていった。

マイナス金利の蹉跌と進化

史上初の「マイナス金利付き量的・質的金融緩和」の評判は、その後も散々だった。民間金融機関が預ける二五〇兆円余りの当座預金のうち、大半にはプラス〇・一％が適用され、マイナス金利の適用は当初一〇兆円程度にとどまっていた。しかし、金融機関にとってダメージであることに変わりはなく、さらに日銀の想定以上に長期金利が低下したことで利ざやが縮小し、収益基盤が蝕まれていく。

黒田は「金融政策は金融機関のためにやっているものではない」としばしば反論し、マイナス金利を深掘りする構えも見せたが、批判と悲鳴は金融界全体に広がっていった。メガバンクはコンピューターシステムがうまく対応できないと抗議し、大手証券からは投資信託の運用や処理に支障が出ると泣きが入る。怨嗟の声はやがて金融庁に集約され、日銀との幹部級協議の席で、金融庁長官がマイナス金利政策を激しく非難する場面もあったという。

金融庁の調べでは、長引く緩和で金融機関の収益力は軒並み低下し、とりわけ地方銀行と第二地方銀行では半数以上が本業赤字に陥った。地域経済の疲弊も重なって存亡の危機が囁かれるようになり、追い詰められた一部の銀行が過度な融資リスクに走り、新たな金融システム不安の火種になる恐れも指摘されるようになった。

また、メガバンクも収益の大半を海外と債券売買に頼らざるを得なくなり、大規模な店舗の統廃合と人員・業務の削減に追い込まれていく。不良債権からは解放されたが、金融業は「展望なき構造不況業種」となり、フィンテックと呼ばれるICT技術を駆使した新金融時代にも取り残されかねない状況となっていた。

そんな中、財務省もまたマイナス金利の効果に疑問を抱き始めていた。当初から国債の利回り曲線(イールドカーブ)全体を引き下げると予想されていたが、一〇年超の超長期金利までが想定以上に下がり、期間が長くても金利が上がらない「フラットな利回り曲線」となった結果、保険や年金基金が運用難に陥るなど広範囲に副作用が及び始めたからだ。このため、財務省で一時、日銀との共同声明そのものを改定できないか模索する動きも出たが、その後立ち消えとなった。

二〇一六年（平成二十八年）初夏。日銀との首脳級の協議で、財務省側はマイナス金利の長期化と「深掘り」に対する懸念を伝え、その上で、七月の参院選後に財政出動を考えており、「あまり金融政策だけで背負い込まない方がいい」と助言した。日銀幹部は「財政を出すから、日銀はやらなくていいという、それまでには考えられない劇的な変化だった」と振り返っている。

こうした動きと並行して、日銀内部でもマイナス金利の副作用を懸念する声が強まっていた。金融政策の効果浸透には、安定した収益基盤に立つ銀行の金融仲介機能が不可欠なのだと、金融機構局が中心となり、黒田らへの懸命の「ご進講」が続けられた。

七月の金融政策決定会合で、これまでの金融政策について九月の次回会合で総括的に検証することが決まる。副総裁の中曽は九月八日の講演で、マイナス金利の副作用に留意が必要だとし、金融政策の枠組みを修正する可能性に初めて言及した。

九月二十一日、水曜日。注目の金融政策決定会合で、従来のようなマネタリーベースではなく、長期金利を誘導目標とする新たな金融緩和の枠組みが決定する。マイナス金利政策は維持した上で、一〇年物国債の利回りをゼロ%程度に誘導することでフラットな利回り曲線に若干の角度をつけ、金融機関への副作用を軽減する狙いが込められていた。

黒田はこれを「長短金利操作(イールドカーブ・コントロール)付き量的・質的金融緩和」と命名する。と同時に、リフレ派の委員にも配慮して、量的緩和自体は続け、二%の物価目標が安定的に実現・定着するまで金融緩和を続ける「オーバーシュート型コミットメント」を付け加えた。ただ、あくまでも政策の軸はイールドカーブ・コントロールであり、その主眼は「量から金利への回帰」にあった。

決定会合では同時に、過去三年半の異次元緩和の総括的検証も行われた。量的緩和に物価を押し上げる効果はあったとしながらも、二%目標を達成できなかったのは原油価格の下落や消費増税後の需要の弱さなどが影響したためだと分析。さらにマイナス金利についても、緩和の効果を強調しつつ、金融機関収益への副作用にも留意すべきだ、などと総括した。

このタイミングで金融政策の枠組み変更に踏み切ったのは、量的緩和の限界が近づき、マイナス金利も不評を買う中、持続可能な政策スキームが必要になったからである。と同時に、決定会合を構成する委員九人の主張が金融緩和の「強化」「縮小」「現状維持」の三方向に分かれて鋭く対立し、意見の集約が難しくなっているという別の事情もあった、と関係者は解説する。合議体としての政策委員会を立て直し、薄氷の意思決定を回避するためにも、リフレ派や出口論を含むすべての主張を包摂できる枠組みが求められていたというのである。「イールドカーブ・コントロール」と「オーバーシュート型コミットメント」という実に難解な政策を編み上げたのも、企画担当理事の雨宮だった。遡れば、「時間軸効果」と命名したのも、量的緩和の「政策拡張性」という概念を示したのも、異次元緩和の骨格を作ったのも雨宮であり、平成の「非伝統的金融政策」のほぼすべてに関わってきた。

雨宮は後の講演で、非伝統的政策について「短期金利のゼロ制約を乗り越え、長めの金利を低下させようという試み」と位置づけ、「歴史をひもとくと、（金融政策の）伝統が定着したのは実は最近二〇年ほどの短い期間に過ぎない」と強調している。長期間のデフレという「非常時」においては、中央銀行といえども固定観念に縛られるべきでないという主張であり、日銀OBの間にくすぶる「黒田緩和批判」への反駁《はんばく》とも言える。

九月の決定について、雨宮は「量から金利へと船を乗り換え、持久戦に入った」と明確に認識している。別の幹部は「黒田緩和は環境に合わせて進化を続けてきた。今回、マイナス金利の経験を踏まえ、柔軟性と持続性を兼ね備えた究極の進化形になった」と評した。

黒田は九月三十日の講演で、小説『赤毛のアン』の中から「これから発見することがたくさんあるって素敵だと思わない？」という一文を引用した上で、「アンの言葉は日々新しい知恵や解決策、政策ツールを見つけ出そうと多大な努力を続けているすべての中央銀行職員とエコノミストにとって大きな励ましとして心に響く」と語った。ゼロ金利制約を克服するため、次々とアイデアを出す事務方に寄せるねぎらいの言葉でもあった。

ただ、この新たな枠組みは、その後のトランプ政権の誕生による金利の先高期待と原油価格の上昇により、イールドカーブの角度を修正するというより、長期金利の跳ね上がりを抑える役割へと変質していく。さらに、副作用への懸念からマイナス金利を「深掘り」することも現実的に難しいため、「長期金利を上げることも、短期金利を下げることもできない八方塞《ふさ》がりの状態にある」との懸念は、財務省や日銀にも少なくない。

一方、結果的に二%目標を達成できず、「量から金利」へのシフトにも賛成票を投じた副総裁の岩田には、野党とリフレ派の双方から批判の矢が放たれた。岩田は原油価格の下落と消費税増税が原因だと繰り返し説明したが、就任時の自らの発言に最後まで苦しんだ。

異次元緩和の進化形は、その後二〇一八年（平成三十年）七月に「当分の間、現在の極めて低い長短金利の水準を維持することを想定」するとした時間軸政策が加えられるが、基本的な枠組みはその後も大きく変わっていない。

量から金利への回帰に伴い、国債買い入れのペースは八〇兆円超から四〇兆円割れの水準まで縮小し、事実上の「テーパリング（量の段階的圧縮）」が始まっているとの声も日銀内にはある。それでも資産の膨張自体は続いており、日銀が保有する国債は二〇一八年九月末で四六九兆円に到達、発行残高の四三％を占める異常事態が続いている。

エピローグ　安倍から黒田へ、新たな「指示」

二〇一七年（平成二十九年）春、財務大臣の麻生太郎が、黒田東彦総裁の後任に金融庁長官の森信親《もりのぶちか》はどうだろうか、と事務方に囁いたことがある。黒田の任期は翌一八年三月で切れる。官邸の信頼が厚く、米ウォール街にも通じた森なら十分務まるのではという麻生の問いかけに、財務省で一瞬さざ波が立った。

だが、ほどなく麻生は、人事権を持つ首相の心中が黒田再任でほぼ固まっていることを知る。財務省からの内打診に対し、黒田自身も前向きの反応を示した。

「（黒田の）歳は大丈夫だろうか」と案じた麻生だったが、周辺は笑ってこう答えた。

「大臣より黒田さんの方がお若いですよ」

このとき麻生七十六歳。黒田七十二歳。六〇年ぶりとなる日銀総裁の再任は、初夏までには固まったという。

翌二〇一八年（平成三十年）四月九日夕。再任された黒田が、首相官邸で安倍晋三と会談した。麻生と官房長官の菅義偉、経済財政・再生相の茂木敏充《もてぎとしみつ》も同席した。

安倍は「極めて短期間のうちに、もはやデフレではないという状況を作ってくれた」と黒田の実績を称《たた》え、「二％の物価安定目標に向けてあらゆる政策を総動員して頂きたい。三本の矢をさらに強化していく必要がある」と注文を付けた。黒田も「引き続き二％に向けて最大限の努力をする」と笑顔で応じた。

ここで会談冒頭のカメラ撮影は終わり、記者団が退出した後、安倍がこんな話を切り出したのを出席者の一人が記憶している。

「黒田さん、達成時期が何度も先送りされるというのはどうですかね」

「達成時期」とは二％目標の達成期限のことである。二％はアベノミクスの「御旗《みはた》」であり、黒田も就任時に「二年程度を念頭において、できるだけ早期に実現する」と約束していた。だが、五年経っても達成されることはなく、既に六回先送りされてきた。

安倍の問いかけは、実は「二％の達成時期にこだわる必要はない」というシグナルだった。複数の関係者によれば、安倍は黒田を再任する前、二人で昼食を摂った際にも「達成時期にこだわることはない、中期的な目標で構わない」「あまり目標の先送りを続けると信頼を失う」という考えを伝えていた。二人の個別会談は、新聞の首相動静では二〇一七年十二月五日に記録されているが、安倍の意向が伝えられたのはもっとあとだったとの証言もある。このときの提案に対し、黒田は特に違和感なく受け止めた、と関係者は話している。

そんな経緯もあり、安倍からの再度の問いかけにも黒田は慌てず、海外で採用されているインフレ目標の例を挙げて、「いずれの国でも『見通し』は出ていますが、『目標』とまでは言っていません」と釈明した。

すると、安倍の隣に座っていた麻生と茂木が割って入り、こう畳みかけた。

茂木「総裁、海外と同じようなやり方でいいですよ」

麻生「外国のやり方を参考にしてやってみたらどうですか」

念を押すような茂木と麻生の発言を、黒田は頷《うなず》きながら聞いていた。辞令交付という晴れの日に交わされたやり取りは、「達成時期にはこだわらない方針」を確認する場となった。

安倍の意向を伝え聞いた日銀内では、さまざまな憶測が広がった。既に目標の先送りが続いており、時期を削除しても格段の意味はないと考える者や、量から金利に切り替えたのだから関係ないと割り切る者、リフレ派と見られる審議委員がどう反応するかを心配する者もいた。日銀幹部の一人は「政治とはこういうものなのかと驚いた」と回想する。

振り返れば、政府・日銀の共同声明の作成過程で、「達成時期の明記」に人一倍こだわったのが安倍だった。だが、二％は五年経っても達成されていない。「アベノミクスの採点表を書くと、雇用も株価も企業業績も合格点だが、物価だけが不合格。それが面白くないのではないか」と日銀幹部は忖度《そんたく》する。実際、首相官邸ホームページの「アベノミクス三本の矢」の欄から物価に関する記述はいつしか消えていた。

これに対し、首相周辺は「達成時期にはこだわらないから、間違っても出口なんて考えるなというメッセージが込められている」と解説する。つまり金融緩和の長期継続を促したというのだ。財務省高官も「デフレ脱却などと騒ぎ立てず、できるだけ金融緩和を続けたいと首相は思っているだろう。それほど現状は政権にとって居心地がいい」と話している。

それから三週間、再任後初めて開かれた金融政策決定会合で、それまで「二〇一九年度ごろ」としてきた二％目標の達成時期が、官邸での「合意」に沿って、文書から削除された。記者会見で黒田は「深い意味はない」などと記者たちを煙に巻いた。

猛暑と自然災害が続いたこの年の九月、三選を目指す自民党総裁選の討論会で、安倍は異次元緩和について「ずっとやっていいとは全く思っていない。何とか私の任期のうちに（出口を）やり遂げたい」と言った。金融政策への「指揮権」を有する安倍の総裁任期は、東京オリンピック後の二〇二一年秋まで続く。

二カ月後の十一月十日、日銀の総資産が五五三兆円となり、ついに国内総生産（GDP）の規模を突破した。それでも黒田は二％達成に改めて執念を見せ、臨時国会でこう答弁する。

「これまで物価上昇を遅らせてきた幾つかの要因の多くは次第に解消し、中長期的な予想物価上昇率も徐々に高まると見ている。（中略）これだけ大幅な金融緩和を持続していくことによって、二％に徐々に近づいていく、二％を達成できると考えております」（二〇一八年十一月二十日衆院財務金融委員会）

だが、一足先に量的緩和を脱したFRBの利上げとトランプ政権下の米中貿易摩擦に対する懸念から、年の瀬にかけて連鎖的に株価が急落。世界経済に黄信号が点《とも》る。

二〇一九年（平成三十一年）一月四日。大発会で平均株価は大幅続落し、その後も動揺が続いた。安倍が復権した一二年十二月に始まった景気回復局面は、戦後最長だった小泉政権時の「いざなみ景気」を一月に超えた可能性が高い、と政府はいったん発表したが、その後、景気動向指数の基調判断が引き下げられ、既に景気後退局面入りしているのではと囁かれるようになる。日銀は一八年度から二〇年度の物価上昇率見通しを再び引き下げざるを得なくなり、景気減速の懸念は中国から欧州へと広がっていく。

また、みずほフィナンシャルグループが構造改革費用と称して六八〇〇億円の巨額損失を二〇一九年三月期に計上すると発表、メガバンクの苦境も浮き彫りになった。

長引く緩和の副作用と地方経済の衰退を背景に、金融システムは再び脆弱性を増しつつある。日銀に下支えされ、「官製相場」と化した国債や株式の「軟着陸」を危ぶむ当局者も少なくない。バブル崩壊から未曽有の金融危機を経て、デフレ論議の末に行き着いた異次元緩和は、途方もないリスクを孕みつつ、令和の時代へと突入することになった。

あとがき

三〇年余に及ぶ平成の金融動乱が、幕を閉じようとしている。

バブル崩壊の衝撃に怯《おび》えつつも、地価の復活をひたすら信じ、問題の先送りを繰り返した一九八九年からの七年間。恐れていた金融危機が勃発し、大型連鎖破綻によって公的資金やゼロ金利を決断せざるを得なくなった九五年央からの六年間。デフレの発生と不良債権の累増で大規模な量的緩和と竹中プランが出動した二〇〇二年からの六年間。そしてリーマン危機や東日本大震災後の円高でデフレが慢性化し、政治主導の異次元緩和に追い込まれた最後の一〇年余。平成金融は大きく四つのフェーズ（局面）に分類することができる。

振り返れば、すべて「失敗と実験」の連続だった。

バブルの診断と処置を誤り、不良債権処理に出遅れ、公的資金の導入に躓き、危機回避のため実験的な弥縫策を繰り返した挙げ句、気がつけばデフレの迷路に入り込み、超金融緩和の壮大な実験場となった。この間、幾多の会社と事業機会が失われ、後ろ向きの処理のために有意な人材が費やされ、時に命すら落とした。なぜこれほどの過ちを犯したのか。

当事者たちの総括を整理すると、まず「認識の難しさ」が共通のキーワードとして浮かび上がってくる。第一に、バブルに対する認識の遅れである。

口述記録の中で、三重野康は「バブルという定義はあったが、『今はバブルだ』なんて堅く思ってはいなかった」と打ち明けた。聞き役を務めたエコノミストの香西泰《こうさいゆたか》も「市場経済を大事だと思っている人間が、バブルとはなかなか言いにくい」と同調した。FRB議長のアラン・グリーンスパンも「バブル崩壊によってその存在を確認するまで、バブルを明確に特定することは非常に困難」と述べ、バブルの防止よりも事後対応に重きを置く「FEDビュー」という独特の政策思想を生んだが、結果的にはそれがリーマン危機を招く温床となった。バブルに対する「認識の遅れ」と「早めの予防」が両立できるのか、答えは未《いま》だ見つかっていない。

バブルかどうかの診断が難しいと、崩壊後の展開にも「認識の遅れ」はつきまとう。これが第二のポイントである。

金融システム問題と実体経済の悪化、それに資産価格の下落が相互に影響しあう「負のスパイラル」が本当に起きるのか、仮に起きたとして果たしてどこまで進むのか、金融当局に確たる見通しはなく、その認識の遅れが「問題の先送り」と「対策の後追い」を招いた。中曽宏は、一九九〇年代の経験をBISペーパーにまとめた際、親しい関係者向け限定で「エピローグ（終章）」を追記しているが、そこにこんな記述がある。

〈当局は問題の大きさについて明確な認識がないまま危機に突入した。（中略）初期段階において、当局に中期的な戦略はなく、『戦術』によって危機管理に取り組もうとした〉

これを裏付けるように、一九九〇年代初期の当局者たちは、「先送りした」という自覚を驚くほど持っていない。あれほど地価が下落し続け、不良債権が累増するとは誰一人考えなかった、つまり「最悪の事態」をイメージできなかったのである。後に厳しく批判された九〇年代半ばの追加金融緩和に対する日銀の「躊躇」もまた、同心円の中にある。

では仮に、事態の深刻さを早めに把握できたとして、果たして公的資金の投入について国民の支持を得られただろうか、と多くの当事者たちは自問する。

国民の理解を得て、国会で公的資金の発動を決めるためには、金融システムが置かれた厳しい状況を的確かつ平易に説明しなければならない。しかし、それは往々にして預金者の危機感を煽《あお》り、金融システムを一段と危うくするリスクを秘めている。不良債権の情報開示や取り組みの遅れは、そうした当局の不安と自信のなさの表れであり、一方で金融危機をめぐる報道の在り方もしばしば問題となった。

この問いを解くカギは、恐らく統治機構に寄せる国民の信頼が握っているのだろう。政府・日銀の手腕と実績が十分な信任を得ていれば、公的資金の早期導入も決して不可能でなかった、と筆者は考える。ただ、バブル時の失政と破綻処理の躓き、それに相次ぐ接待スキャンダルで、最も重要なときに金融当局は信頼を失っていた。この間、政治改革という権力闘争に明け暮れた政治の混迷とともに、この国に大きな不幸をもたらしたと言える。

事前に問題の所在と大きさを認識することが難しく、予防的に手を打とうとすると、それがかえって社会的反発を招き、危機を増幅させ、時に政争の具にもなった。その意味で、平成金融危機は昭和金融恐慌の映し鏡だった。残念ながら、歴史の教訓は生かされなかったようだ。最後の銀行局長となった山口公生は、将来の危機をにらみ、こう警鐘を鳴らす。

「ぬるま湯に入り、社会全体が良い夢を見ているときに次の危機の芽が育っていることを忘れてはならない。九〇年代はまだ財政出動の余裕があり、インターネットで噂が拡散することもなかった。次に到来する金融危機への対応は非常に難しく、長引くのではないか」

一方、異次元と称される金融緩和も、実に危なっかしく、心許《こころもと》ない。

主導した首相やリフレ派は「デフレではない状況を作った」と力説し、大胆な量的緩和が円安・株高の流れを加速させ、企業心理を好転させたと自賛する声は日銀内にもある。これに対し、量の拡大が二％はおろか、一九九〇年代央から続くゼロインフレ基調を変えることもできなかったとして、リフレ政策の「挫折」「変質」を指摘する声は専門家の間でも少なくない。

当局者たちは認めないが、おそらく異次元緩和とは、国際社会でよく批判の的になる「通貨安政策」なのだろう。円安になれば企業収益も株価も上がり、政治も国民も文句を言わなくなる。円高に悩み、中央銀行の独立性を極限まで脅かされた日銀は、「これは為替操作ではなく、デフレ政策なのだ」と弁明しつつ、金融政策を為替に直接割り当てる道を選んだのだろう。将来、一〇兆円単位の巨額のツケとその処理をめぐる責任問題が自らにはね返ってくることは覚悟の上で——。

ただ、世界経済がこの先減速し、円高局面が再来した場合どうなるのか。なまじ円安誘導の「実績」があっただけに、政治や国民の期待を背に新たな「追加実験」に追い込まれ、副作用と出口の際のリスクをさらに膨らませる結果にならないだろうか。

もう一つ、気がかりなことがある。バブル崩壊、金融危機、低成長、超低金利という「日本固有の問題」と考えられた現象が、その後、欧米にも広がっていったことである。さらに、バブルと金融危機の「伝染」は、社会の対立と分断を招き、国際協調に亀裂を入れつつある。リーマン危機は「反ウォール街デモ」「トランプ現象」の誘因となり、欧州債務危機は難民問題も相まってEUの結束にひびを入れ、英国のEU離脱騒動に発展した。

日本でも、長引くデフレによって雇用環境が激変し、貧富の格差が広がり、社会は寛容さを失い、分断への道を歩んでいるように見える。すべて「バブル」を遠因とする現象である。

白川方明は「この一連の事実を重く受け止める必要がある。単なる失敗の連続なのか、民主主義社会がもたらす宿命的な傾向なのか、テクノロジーの進歩に伴う長期にわたる過渡期の現象なのか。答えは分からないが、問題を明確に認識しない限り、解決への途は拓《ひら》けない」と話す。

トランプ政権の誕生で国際協調体制が揺らぐ中、当局者の間では、今後グローバル金融危機が再発した場合、リーマン・ショック時のような協調体制が組めるのか不安視する声が強まっているという。相互信頼に基づく、自由で開かれた国際経済社会を守るために我々は何をすべきなのか——。新時代の到来を機に、改めて考えてみたいと思う。

筆者はかつて、一九九〇年代の政策展開に焦点を当てた『検証 経済失政』（共著）、『検証 経済迷走』『検証 経済暗雲』を上梓《じょうし》した。今回の報告は、この三冊をベースに、三〇年余の平成金融史を再取材し、主要な政策選択をドキュメントしようと試みたものである。

平成金融を振り返る上で欠かせないバブルの実相と数々の経済事件については、『検証 バブル失政』（軽部謙介、岩波書店）、『バブル』（永野健二、新潮社）、『特捜検察 vs. 金融権力』（村山治、朝日新聞社）に詳述されている。いずれも今回の検証作業における貴重な羅針盤となった。

仕事の合間を縫っての取材は一〇年以上に及び、この間、実に多くの政治家や金融当局の方々にご協力頂いた。この場を借りて感謝したい。また、貴重な証言や記録を残され、残念ながら鬼籍に入られた方も少なくない。改めてご冥福をお祈りしたい。

紙幅の関係上、細かい注釈は掲載できなかったが、個々の記述には一定の根拠がある。多くはオンザレコード、あるいはバックグラウンド・ベースのインタビュー、内部文書、議事録、当事者の日記や手帳等に依拠しているが、情報源や文書の入手先は明らかにできない。文中の肩書は原則として当時のものを用い、敬称はすべて略させて頂いた。また、口述記録や議事録に関し、発言を要約引用した箇所がある。事実誤認や誤引用があれば、すべて筆者の力不足によるものであり、ご指摘頂きたい。

安部順一、軽部謙介、永井利治の各氏には、大きな力添えを頂いた。TBSの佐々木卓社長には出版の試みを快く認めて頂いた。また名前は明かせないが、できるだけ正確な記録を残そうとプライベートな時間を割き、協力してくれた当局者が複数いた。各位に深甚の謝意を表したい。中央公論新社の並木光晴、中西恵子の両氏は、幾度か頓挫しかけたこのプロジェクトを熱意を持って実現に導いてくれた。感謝の言葉もない。

この数年、休日の多くが取材と執筆のために充てられた。途中、目の病で断念しかけたこともあったが、平成が閉じる前に何とかゴールに辿り着くことができた。苦行の成果は、九州で穏やかに暮らす両親と優しく温かい家族、そして大切な友人たちに捧げようと思う。

二〇一九年三月

西野智彦

主要参考文献

伊藤正直・大貫摩里・森田泰子『1990年代における金融政策運営について』（日本銀行金融研究所、二〇一八年）
岩田一政・左三川郁子『金融正常化へのジレンマ』（日本経済新聞出版社、二〇一八年）
岩田規久男『日銀日記』（筑摩書房、二〇一八年）
岩村充『金融政策に未来はあるか』（岩波新書、二〇一八年）
太田康夫『金融失策　20年の真実』（日本経済新聞出版社、二〇一八年）
翁邦雄『ゼロ・インフレ下の金融政策について』（日本銀行金融研究所、一九九九年）
翁邦雄『日本銀行』（ちくま新書、二〇一三年）
翁百合『銀行経営と信用秩序』（東洋経済新報社、一九九三年）
桂木明夫『リーマン・ブラザーズと世界経済を殺したのは誰か』（講談社、二〇一〇年）
加藤出『日銀、「出口」なし！』（朝日新聞出版、二〇一四年）
上川龍之進『日本銀行と政治』（中公新書、二〇一四年）
軽部謙介『ドキュメント　ゼロ金利』（岩波書店、二〇〇四年）
軽部謙介『検証　バブル失政』（岩波書店、二〇一五年）
軽部謙介『官僚たちのアベノミクス』（岩波新書、二〇一八年）
軽部謙介・西野智彦『検証　経済失政』（岩波書店、一九九九年）

川嶋稔哉・中林真幸『1990年代末から2000年代における銀行不良債権処理の進行』（金融庁金融研究センター、二〇一四年）
木内登英『異次元緩和の真実』（日本経済新聞出版社、二〇一七年）
木下智博『金融危機と対峙する「最後の貸し手」中央銀行』（勁草書房、二〇一八年）
木村剛『竹中プランのすべて』（アスキーコミュニケーションズ、二〇〇三年）
鯨岡仁『日銀と政治』（朝日新聞出版、二〇一七年）
黒田東彦『財政金融政策の成功と失敗』（日本評論社、二〇〇五年）
後藤田正晴『情と理』（講談社、一九九八年）
五味廣文『金融動乱』（日本経済新聞出版社、二〇一二年）
小宮隆太郎・日本経済研究センター編『金融政策論議の争点』（日本経済新聞社、二〇〇二年）
清水功哉『日銀はこうして金融政策を決めている』（日本経済新聞社、二〇〇四年）
清水功哉『デフレ最終戦争』（日本経済新聞出版社、二〇一六年）
清水真人『経済財政戦記』（日本経済新聞出版社、二〇〇七年）
清水真人『財務省と政治』（中公新書、二〇一五年）
白川方明『現代の金融政策』（日本経済新聞出版社、二〇〇八年）
白川方明『中央銀行』（東洋経済新報社、二〇一八年）
高橋温『金融再編の深層』（朝日新聞出版、二〇一三年）
竹中平蔵『構造改革の真実』（日本経済新聞社、二〇〇六年）
内藤純一『戦略的金融システムの創造』（中央公論新社、二〇〇四年）
中井省『やぶにらみ金融行政』（財経詳報社、二〇〇二年）
永野健二『バブル』（新潮社、二〇一六年）
中原伸之『日銀はだれのものか』（中央公論新社、二〇〇六年）

西川善文『ザ・ラストバンカー』（講談社、二〇一一年）
西野智彦『検証　経済迷走』（岩波書店、二〇〇一年）
西野智彦『検証　経済暗雲』（岩波書店、二〇〇三年）
西村吉正『金融行政の敗因』（文春新書、一九九九年）
西村吉正『日本の金融制度改革』（東洋経済新報社、二〇〇三年）
西村吉正『金融システム改革50年の軌跡』（金融財政事情研究会、二〇一一年）
藤原作弥『カラムコラム　素顔の日銀総裁たち』（日本経済新聞社、一九九一年）
前田裕之『ドキュメント銀行』（ディスカヴァー・トゥエンティワン、二〇一五年）
三重野康『日本経済と中央銀行』（東洋経済新報社、一九九五年）
三重野康『赤い夕陽のあとに』（新潮社、一九九六年）
三重野康『利を見て義を思う』（中央公論新社、二〇〇〇年）
村松岐夫・奥野正寛編『平成バブルの研究〈上〉形成編』『同〈下〉崩壊編』（東洋経済新報社、二〇〇二年）
村松岐夫編著『平成バブル先送りの研究』（東洋経済新報社、二〇〇五年）
村山治『特捜検察vs.金融権力』（朝日新聞社、二〇〇七年）
山口敦雄『りそなの会計士はなぜ死んだのか』（毎日新聞社、二〇〇三年）
吉野俊彦『歴代日本銀行総裁論』（講談社、二〇一四年）
朝日新聞経済部『金融動乱』（朝日新聞社、一九九九年）
共同通信社社会部編『崩壊連鎖』（共同通信社、一九九九年）
内閣府・経済社会総合研究所『バブル／デフレ期の日本経済と経済政策』（二〇一〇年）
日本銀行『日銀レビュー：欧州におけるマイナス金利政策と短期金融市場の動向』（日本銀行金融市場局、二〇一六年）

日本銀行『2003年度の金融調節』『2005年度の金融市場調節』『金融市場レポート』『金融システムレポート』（日本銀行、二〇〇四年〜）
日本経済研究センター編『激論マイナス金利政策』（日本経済新聞出版社、二〇一六年）
日本経済新聞社編『検証バブル　犯意なき過ち』（日本経済新聞社、二〇〇〇年）
日本経済新聞社編『金融迷走の10年』（日本経済新聞社、二〇〇〇年）
日本経済新聞社編『リーマン・ショック5年目の真実』（日本経済新聞出版社、二〇一四年）
日本経済新聞社編『黒田日銀　超緩和の経済分析』（日本経済新聞出版社、二〇一八年）
預金保険機構『預金保険機構年報』（預金保険機構、二〇一三年〜）
Alan Ahearne, Joseph Gagnon, Jane Haltmaier & Steve Kamin; Preventing Deflation: Lessons from Japan's Experience in the 1990s（Board of Governors of the Federal Reserve System, 2002）
Benjamin Nelson, Misa Tanaka, Dealing with a Banking Crisis: what lessons can be learned from Japan's experience, Bank of England, 2014
Hiroshi Nakaso「The financial crisis in Japan during the 1990s: how the Bank of Japan responded and the lessons learnt」Bank for International Settlements, 2001

関連略年表

2015年（平成27年）

3月　欧州中央銀行が量的緩和導入
7月　東芝の不適切決算処理が発覚
12月　ＦＲＢが短期金利を引き上げ

2016年（平成28年）

1月　日銀がマイナス金利付き量的・質的金融緩和を決定
2月　長期金利が史上初のマイナスに
4月　熊本地震
5月　伊勢志摩サミット。安倍首相が消費税率引き上げの再延期を表明
6月　英国民投票でＥＵ離脱が多数占める
7月　参院選で自公勝利。日銀が「総括的検証」。イールドカーブ・コントロール導入
8月　天皇が「お気持ち」表明、生前退位へ
11月　米大統領選でドナルド・トランプ勝利

2017年（平成29年）

7月　九州北部豪雨で40人超の死者・行方不明者。北朝鮮が核ミサイル開発を加速
10月　衆院選で自公勝利。ＦＲＢが資産圧縮を開始

2018年（平成30年）

4月　黒田東彦日銀総裁再任。日銀が展望レポートから２％物価目標の達成時期を削除
6月　米朝首脳会談
7月　日銀「強力な金融緩和継続のための枠組み強化」導入
9月　北海道胆振東部地震
11月　東京地検、日産自動車のカルロス・ゴーン会長を逮捕
12月　欧州中央銀行が量的緩和政策終了

2019年（平成31年）

1月　基幹統計である毎月勤労統計の不正調査が発覚
3月　みずほＦＧが19年３月期に6800億円の損失計上

9月　日本振興銀行が破綻、初のペイオフ発動
10月　日銀「包括緩和」導入。資産買入等基金を創設
11月　FRBが量的緩和策第2弾（QE2）
この年、中国がGDP世界2位、日本3位転落

2011年（平成23年）
2月　日銀、中長期的な物価安定の目途（当面1％）を導入
3月　東日本大震災、福島第一原発事故
8月　東京外為市場で1ドル＝75円95銭の戦後最高値更新。東京高裁が日債銀事件で地裁判決を破棄し、3人の逆転無罪が確定
9月　野田佳彦内閣発足
10月　東京外為市場で1ドル＝75円32銭の戦後最高値更新

2012年（平成24年）
1月　FRBが年2％をゴールとするインフレ目標を導入
5月　東京スカイツリー開業
8月　3党合意に基づく消費増税法案が成立
9月　FRBが量的緩和第3弾（QE3）
10月　政府・日銀が初の共同文書
11月　米大統領選でバラク・オバマ再選
12月　衆院選で自民党大勝。安倍晋三内閣発足

2013年（平成25年）
1月　2％物価目標を柱とする政府・日銀の共同声明
3月　黒田東彦日銀総裁就任
4月　異次元緩和（量的・質的金融緩和）スタート
7月　参院選で自公圧勝。「ねじれ国会」解消
8月　財務省、国の借金が1000兆円を超えたと発表
12月　訪日外国人が年間1000万人を突破

2014年（平成26年）
4月　消費税率、8％に引き上げ
6月　欧州中央銀行がマイナス金利導入
10月　FRBが量的緩和政策終了。日銀が量的・質的緩和を拡大
12月　安倍首相が消費税率引き上げの延期を表明。衆院選で自公圧勝

関連略年表

2006年（平成18年）

1月　「ライブドア」粉飾決算事件
2月　グリーンスパンFRB議長退任、バーナンキ議長就任
3月　日銀が量的緩和の解除を決定
7月　日銀が短期金利の誘導目標引き上げ。6年ぶり利上げ
8月　日銀、公定歩合の呼称を「基準割引率および基準貸付利率」に変更
9月　安倍晋三内閣発足

2007年（平成19年）

2月　日銀が短期金利を追加引き上げ
6月　米国などで初代iPhone発売
7月　参院選で民主党が勝利し、「ねじれ国会」に
9月　福田康夫内閣発足
10月　郵政民営化による「日本郵政グループ」発足

2008年（平成20年）

3月　FRBが米証券ベア・スターンズ救済。日銀総裁空席に。4月に白川方明総裁就任
7月　最高裁が長銀事件で旧経営陣3人に無罪判決
8月　北京オリンピック
9月　リーマン・ブラザーズ破綻で「リーマン・ショック」発生。FRBが保険最大手AIGを救済。麻生太郎内閣発足
10月　大和生命保険が経営破綻
11月　米大統領選でバラク・オバマ勝利
12月　FRBがゼロ金利導入、量的緩和第1弾（QE1）

2009年（平成21年）

3月　日経平均株価がバブル後最安値7054円
8月　衆院選で民主党圧勝、鳩山由紀夫内閣発足へ
11月　政府が戦後2回目の「デフレ宣言」。中小企業金融円滑化法成立

2010年（平成22年）

1月　日本航空が会社更生法適用申請。欧州債務危機が広がる
6月　鳩山首相退陣、菅直人内閣発足
7月　参院選で民主党が過半数割れ

2001年（平成13年）

1月　中央省庁再編、１府12省庁体制に

3月　政府、月例経済報告で初の「デフレ宣言」。日銀が量的緩和政策の採用を決定

4月　三井住友銀行が誕生。小泉純一郎内閣発足

7月　参院選で自民党圧勝

9月　米同時多発テロ事件

10月　米国がアフガニスタンに侵攻

2002年（平成14年）

1月　ＵＦＪ銀行発足

4月　ペイオフ一部解禁（定期預金）

5月　サッカーワールドカップ日韓大会

9月　小泉首相訪朝。日銀、銀行保有株の買い取り決定。内閣改造で金融担当相に竹中平蔵氏

10月　竹中大臣がペイオフ本格解禁の再延期を発表。「金融再生プログラム（竹中プラン）」決定

2003年（平成15年）

3月　福井俊彦日銀総裁就任。イラク戦争開戦

5月　外為市場で大規模介入スタート、日銀の量的緩和拡大。初の金融危機対応会議、りそな銀行への公的資金注入決定

11月　金融危機対応会議で足利銀行の一時国有化を決定

2004年（平成16年）

1月　陸上自衛隊イラク派遣

3月　円売り・ドル買いの大規模為替介入終了

6月　金融庁、検査忌避などでＵＦＪに業務改善命令

8月　ＵＦＪと三菱東京が経営統合で合意

10月　新潟県中越地震

11月　米大統領選でジョージ・ブッシュ再選

2005年（平成17年）

4月　ペイオフ本格解禁。ＪＲ福知山線脱線事故

9月　衆院選（郵政選挙）で自民党圧勝

10月　三菱ＵＦＪフィナンシャル・グループ発足

元首相
8月　ロシア経済危機、ルーブル切り下げ
9月　与野党が長銀の「特別公的管理」で合意
10月　金融再生法、金融機能早期健全化法等成立。長銀の一時国有化決定
12月　日債銀の一時国有化決定。金融再生委員会が発足

1999年（平成11年）
1月　欧州単一通貨「ユーロ」導入。三井信託銀行と中央信託銀行が合併で合意
2月　日銀、ゼロ金利政策導入決定
3月　金融再生委員会、15行に公的資金注入
4月　整理回収機構発足。国民銀行が経営破綻、幸福銀行も6月に破綻
6月　東邦生命保険が自力再建を断念。東京地検が旧長銀経営陣3人を逮捕
7月　中央省庁等改革関連法成立。東京地検が旧日債銀経営陣3人を逮捕
8月　日本興業銀行、第一勧業銀行、富士銀行が経営統合で合意
10月　住友銀行とさくら銀行が対等合併で合意
12月　与党3党がペイオフ解禁延期を決定

2000年（平成12年）
3月　長銀の国有化終了、外資ファンドに売却
4月　小渕首相倒れる。森喜朗内閣発足
5月　第一火災海上保険に業務停止命令
6月　初の南北首脳会談
7月　金融庁発足。そごう破綻、民事再生法適用を申請。沖縄サミット開催
8月　日銀、ゼロ金利解除。10年ぶりの利上げ
9月　日債銀国有化終了。みずほホールディングス誕生
10月　新潟中央銀行が経営破綻。三和銀行、東海銀行、東洋信託銀行が経営統合発表。千代田生命、更生特例法の適用申請
11月　米大統領選でジョージ・ブッシュ勝利

1996年（平成８年）

１月　橋本龍太郎内閣発足

３月　太平洋銀行破綻。受け皿にわかしお銀行新設

４月　東京三菱銀行発足

６月　住専処理法、金融三法成立

11月　米大統領選でビル・クリントン再選。橋本首相、「日本版ビッグバン」指示。大蔵省、阪和銀行に業務停止命令

1997年（平成９年）

４月　北海道拓殖銀行と北海道銀行が合併で合意。日債銀「奉加帳」救済決定。消費税率、５％に引き上げ。大蔵省、日産生命保険に業務停止命令、戦後初の生保破綻

６月　改正日銀法、金融監督庁設置法成立

７月　タイ通貨バーツ暴落、アジア通貨危機

９月　拓銀と北海道銀行、合併延期を発表

10月　福徳銀行となにわ銀行が合併を発表。京都共栄銀行が経営破綻し、幸福銀行に営業譲渡へ

11月　三洋証券、東京地裁に会社更生法の適用申請。北海道拓殖銀行が経営破綻、北洋銀行への営業譲渡を発表。山一証券が自主廃業、日銀特融発動。徳陽シティ銀行が破綻、全国で取り付けらしき騒動。財政構造改革法成立

12月　行政改革会議、１府12省庁への再編を最終報告。自民党、金融システム安定化のための緊急対策（公的資金）決定

1998年（平成10年）

１月　東京地検が大蔵省金融証券検査官室長らを逮捕。三塚蔵相ら辞任

２月　改正預金保険法、金融機能安定化緊急措置法成立。長野オリンピック開催

３月　東京地検、大蔵省証券局総務課課長補佐らを収賄容疑で逮捕。金融危機管理審査委員会が大手21行への資本注入を決定。東京地検、日銀営業局証券課長を収賄容疑で逮捕。松下日銀総裁辞任

４月　速水優総裁の下で改正日銀法施行

６月　日本長期信用銀行の経営不安表面化。金融監督庁が発足。住友信託銀行と日本長期信用銀行が合併交渉入りで合意

７月　参院選で自民党大敗。小渕恵三内閣発足、蔵相に宮澤喜一

17年ぶりの下落
8月　大蔵省、「金融行政の当面の運営方針」を発表
11月　米大統領選でビル・クリントン勝利

1993年（平成5年）
2月　住専問題で銀行局長と農水省経済局長の間で「覚書」
5月　Jリーグ開幕。釜石信金が自主再建断念し、岩手銀行に営業譲渡
6月　皇太子ご成婚
7月　東京サミット開催
8月　非自民8会派による細川護熙内閣発足
9月　記録的冷夏でコメを緊急輸入。公定歩合史上最低の1.75%に引き下げ

1994年（平成6年）
4月　羽田孜内閣発足
6月　北日本銀行、徳陽シティ・殖産銀行との3行合併を白紙撤回。東京外為市場で1ドル=100円突破。自社さ3党連立による村山富市内閣発足
10月　流動性預金金利を自由化（金利自由化完了）
12月　東京協和・安全両信用組合破綻。受け皿銀行設立を発表。松下康雄日銀総裁就任

1995年（平成7年）
1月　阪神・淡路大震災
3月　地下鉄サリン事件。東京共同銀行が営業開始
4月　東京外為市場で1ドル=79.75円と史上最高値。公定歩合1.0%に引き下げ
6月　大蔵省、「金融システムの機能回復について」を発表
7月　東京都、コスモ信用組合に業務停止命令
8月　大阪府、木津信用組合に業務停止命令。兵庫銀行破綻処理
9月　大和銀行ニューヨーク支店で巨額損失。公定歩合0.5%に引き下げ
11月　米銀行監督局が大和銀行に米国からの撤退命令
12月　住専処理策を決定。一般会計から6850億円支出

関連略年表

1989年（平成元年）

4月　消費税3％導入
5月　日銀、9年ぶりの公定歩合引き上げ
6月　宇野宗佑内閣発足。天安門事件発生
8月　海部俊樹内閣発足
10月　三菱地所、ロックフェラーセンター買収
11月　独ベルリンの壁崩壊
12月　米ソ首脳会談で東西冷戦終結。三重野康日銀総裁就任。日経平均株価が3万8915円の史上最高値

1990年（平成2年）

3月　大蔵省、不動産関連融資の総量規制
4月　太陽神戸三井銀行発足
8月　イラク軍クウェート侵攻。第5次利上げで公定歩合6％に
10月　東西両ドイツ統一

1991年（平成3年）

1月　湾岸戦争勃発
4月　協和埼玉銀行発足
5月　地価税法公布
6月　四大証券による損失補塡発覚
7月　公定歩合引き下げ開始。BCCI東京支店に特別清算命令
8月　東洋信用金庫で架空預金事件発覚（尾上縫事件）
10月　東邦相互銀行の救済合併で預金保険機構が初の資金援助決定
11月　宮澤喜一内閣発足
12月　ソビエト連邦消滅

1992年（平成4年）

1月　地価税実施
3月　東証平均株価2万円割れ。地価公示で91年の全国平均地価

西野智彦（にしの・ともひこ）

1958年（昭和33年），長崎県に生まれる．慶應義塾大学卒業後，時事通信社で編集局，ＴＢＳテレビで報道局に所属し，日本銀行，首相官邸，大蔵省，自民党などを担当したほか，「筑紫哲也 NEWS 23」「報道特集」「Ｎスタ」の制作プロデューサーを務めた．主な著書に『検証 経済失政――誰が、何を、なぜ間違えたか』（共著，岩波書店），『検証 経済迷走――なぜ危機が続くのか』『検証 経済暗雲――なぜ先送りするのか』（いずれも岩波書店）がある．

平成金融史《へいせいきんゆうし》
中公新書 2541

2019年4月25日初版
2019年6月15日再版

著　者　西野智彦
発行者　松田陽三

本文印刷　暁印刷
カバー印刷　大熊整美堂
製　本　小泉製本

発行所　中央公論新社
〒100-8152
東京都千代田区大手町1-7-1
電話　販売 03-5299-1730
　　　編集 03-5299-1830
URL http://www.chuko.co.jp/

Published by CHUOKORON-SHINSHA, INC.
Printed in Japan　ISBN978-4-12-102541-8 C1233

中公新書刊行のことば

いまからちょうど五世紀まえ、グーテンベルクが近代印刷術を発明したとき、書物の大量生産は潜在的可能性を獲得し、いまからちょうど一世紀まえ、世界のおもな文明国で義務教育制度が採用されたとき、書物の大量需要の潜在性が形成された。この二つの潜在性がはげしく現実化したのが現代である。

いまや、書物によって視野を拡大し、変りゆく世界に豊かに対応しようとする強い要求を私たちは抑えることができない。この要求にこたえる義務を、今日の書物は背負っている。だが、その義務は、たんに専門的知識の通俗化をはかることによって果たされるものでもなく、通俗的好奇心にうったえて、いたずらに発行部数の巨大さを誇ることによって果たされるものでもない。現代を真摯に生きようとする読者に、真に知るに価いする知識だけを選びだして提供すること、これが中公新書の最大の目標である。

私たちは、知識として錯覚しているものによってしばしば動かされ、裏切られる。私たちは、作為によってあたえられた知識のうえに生きることがあまりに多く、ゆるぎない事実を通して思索することがあまりにすくない。中公新書が、その一貫した特色として自らに課すものは、この事実のみの持つ無条件の説得力を発揮させることである。現代にあらたな意味を投げかけるべく待機している過去の歴史的事実もまた、中公新書によって数多く発掘されるであろう。

中公新書は、現代を自らの眼で見つめようとする、逞しい知的な読者の活力となることを欲している。

一九六二年一一月

中公新書

現代史

f2

2186 田中角栄 早野透
1976 大平正芳 福永文夫
2351 中曽根康弘 服部龍二
2512 高坂正堯―戦後日本と現実主義 服部龍二
1574 海の友情 阿川尚之
1875 「国語」の近代史 安田敏朗
2075 歌う国民 渡辺裕
2332 「歴史認識」とは何か 大沼保昭 江川紹子
1804 戦後和解 小菅信子
2406 毛沢東の対日戦犯裁判 大澤武司
1900 「慰安婦」問題とは何だったのか 大沼保昭
2359 竹島―もうひとつの日韓関係史 池内敏
1820 丸山眞男の時代 竹内洋
2237 四大公害病 政野淳子
1821 安田講堂 1968-1969 島泰三

2110 日中国交正常化 服部龍二
2385 革新自治体 岡田一郎
2137 国家と歴史 波多野澄雄
2150 近現代日本史と歴史学 成田龍一
2196 大原孫三郎―善意と戦略の経営者 兼田麗子
2317 歴史と私 伊藤隆
2301 核と日本人 山本昭宏
2342 沖縄現代史 櫻澤誠

中公新書

経済・経営

g 1

- 2000 戦後世界経済史 猪木武徳
- 2185 経済学に何ができるか 猪木武徳
- 1936 アダム・スミス 堂目卓生
- 2374 シルバー民主主義 八代尚宏
- 2502 日本型資本主義 寺西重郎
- 2228 日本の財政 田中秀明
- 2307 ベーシック・インカム 原田 泰
- 1896 日本の経済―歴史・現状・論点 伊藤 修
- 2388 人口と日本経済 吉川 洋
- 2338 財務省と政治 清水真人
- 2041 行動経済学 依田高典
- 2501 現代経済学 瀧澤弘和
- 1658 戦略的思考の技術 梶井厚志
- 1871 故事成語でわかる経済学のキーワード 梶井厚志
- 1824 経済学的思考のセンス 大竹文雄
- 2045 競争と公平感 大竹文雄
- 2447 競争社会の歩き方 大竹文雄
- 1657 地域再生の経済学 神野直彦
- 2473 人口減少時代の都市 諸富 徹
- 1648 入門 環境経済学 日引 聡 有村俊秀
- 2111 消費するアジア 大泉啓一郎
- 2506 中国経済講義 梶谷 懐
- 2219 人民元は覇権を握るか 中條誠一
- 2420 フィリピン―急成長する若き「大国」 井出穣治
- 2199 経済大陸アフリカ 平野克己
- 290 ルワンダ中央銀行総裁日記（増補版） 服部正也
- 2541 平成金融史 西野智彦

中公新書

経済・経営

g2